Dischi da leggere

Vol. 11

CARLO PASCERI

Carlo Pasceri

Soft Machine
1968-1981

Guida all'ascolto

© 2017 Carlo Pasceri
Ogni diritto riservato

Per informazioni visita i siti:
www.facebook.com/dischidaleggere
www.carlopasceri.it

Contatta l'autore:
cpasceri@libero.it

ISBN: 978-1546657668

Sommario

Nella stessa collana 6
Prefazione 7
Introduzione 9
L'esordio: 45 giri e demo 16
The Soft Machine 22
Volume Two 32
Third 44
Fourth 62
Fifth 74
Six 84
Seven 96
Bundles 104
Softs 112
Alive & Well: Recorded in Paris 120
Land of Cockayne 126
Conclusioni 132
I protagonisti 137
Raccolte e bootleg 143
Discografia 149
I paesaggi sonori modali e tonali 151
Canterbury dove? 154
Il Minimalismo musicale 159
Indice dei brani 167
Feedback 172
L'autore 173
Altri libri dello stesso autore 174

Nella stessa collana

1) Miles Davis - Kind of Blue
2) John Coltrane - A Love Supreme
3) Miles Davis - Bitches Brew
4) Return to Forever - Hymn of the Seventh Galaxy
5) Pink Floyd - Wish You Were Here
6) Led Zeppelin – Houses of the Holy
7) Deep Purple – In Rock
8) King Crimson – Red
9) Genesis – 1970-1976
10) Pink Floyd – 1967-1972
11) Soft Machine - 1968-1981

I **Dischi da leggere** *sono disponibili in formato elettronico (ebook per tutte le piattaforme) e brossura.*

Prefazione

Siamo giunti all'undicesimo volume di *Dischi da leggere*. Undici, come gli album realizzati durante la loro storia dai Soft Machine: un gruppo-non gruppo, senza un vero e proprio leader con cui identificarsi e dietro il quale schermirsi, un collettivo con un'idea precisa sin dai loro esordi nella provincia inglese. Sempre diversi, anno dopo anno, ma sempre uguali nell'ostinata ricerca della musica di grande qualità. Qualche caduta di tono, specie negli ultimi anni, perdonabile considerando gli enormi esiti raggiunti in precedenza e le gravi defezioni che via via hanno costellato la vicenda di questo meraviglioso ensemble musicale.

Undici dischi, quelli inclusi in questo volume, che vengono raccontati con la consueta competenza e passione da Carlo Pasceri che, lo sveliamo, da grande appassionato dei Softs, ha messo il cuore in questo scritto. Come di consueto, per apprezzare al meglio i contenuti del testo e le meraviglie musicali celate negli album, consigliamo la lettura del libro di pari passo con l'ascolto dei dischi.

Ricco il parco degli approfondimenti: allo sguardo critico sulla scena (?) di Canterbury, si affianca il racconto della nascita e lo sviluppo del minimalismo in musica, di cui i Soft Machine, sul versante Rock, sono stati buoni alfieri. E poi una breve ma incisiva panoramica dei bootleg più o meno ufficiali in commercio. Nel libro si troveranno spesso citati i concetti di musica modale e tonale: abbiamo ritenuto necessario inserire un approfondimento che sarà utile soprattutto per coloro che non hanno troppa familiarità con la teoria musicale.

Non vi resta che immergervi tra le pieghe della musica della macchina soffice. Buona *letturascolto*!

Antonio Lisi

Introduzione

1968-1978 (con l'appendice del disco pubblicato nel 1981, *Land of Cockayne*): questo è il tempo trascorso per la pubblicazione di undici dischi di un gruppo che ha accumulato più di un primato. Alcuni: da brani brevissimi di circa dieci secondi nel *Volume Two*, a *Third* che è diviso in quattro lunghe composizioni, una per ogni lato del doppio vinile, in pratica quattro suite; è il gruppo che prima di altri ha usato loop minimalistici in modo esteso e continuato; è il gruppo rock più jazz di tutti: da qui una serie di cause ed effetti.

Infatti, un altro primato è quello di un gruppo, pure in fede al suo nome, perfettamente plasmato e plasmabile nei termini dei suoi componenti: continuamente permeato da rinnovamenti nella sua line-up con ospiti più o meno assidui, ma soprattutto nel suo nucleo; solo per due dischi ha mantenuto la stessa formazione (*Third* e *Fourth*).

E questo non senza evidenti conseguenze artistiche: dal primo al quarto disco, in soli quattro anni, una progressiva metamorfosi pressoché totale, continuando a mutare... nessuno come loro.

Un autentico e formidabile gruppo-laboratorio di ricerca e sviluppo musicale che ha lasciato complessivamente un'opera tra le più dilatate e dense dei suoi fattori costitutivi, i Soft Machine sono inter-generi tra Rock, Jazz e Avanguardia novecentesca (rumorista-minimalista), mantenendo una cifra inconfondibile. Sono un congegno duttile così sofisticato che è in grado di modellarsi per ogni occorrenza.

Loro hanno dimostrato di essere molto jazzy dagli albori del loro percorso discografico, non solo perché detentori di un'elasticità esecutiva di estemporanee variazioni che non appartiene ai musicisti rock, più rigidi, ma anche per un'attitudine straordinaria alla destrutturazione/ristrutturazione delle proprie composizioni (peraltro di notevole spessore costitutivo), che dal vivo si evidenzia ancor di più. Una continua elaborazione del materiale musicale.

Il Jazz ha due complementari e contemporanee procedure di approccio alla musica, quella tangenziale, rapida, e quella più lenta che scava in verticale; il fine è tentare la narrazione di una storia sempre differente che si manifesta e compie allo stesso tempo nelle improvvise divagazioni dal solco della pagina scritta, interagendo con gli altri, sia per la "ritmica" (che accompagna) sia per il solista: imprevedibili lampeggiamenti di punti su molte traiettorie che intersecano la linea di orizzonte, ottenendo una sincopata polifonia carica di messaggi enigmatici da svelare.

Questo tipo di continua tensione applicata ai poli del sistema procedurale del fare musica è sintomo di grande energia creativa, ma potenziale, che riesce ad acquisire qualità cinetica solo nel divenire del momento e si compie al termine dell'esperimento. Dunque questa capacità di trasformazione d'identità fornita dalla diffusa pratica d'improvvisazione e variazioni compositive, con addirittura continui mutamenti di organico, è di fatto una cortocircuitante forza energetica tale che essa stessa consente a chi la applica di non temere di perderla, per tentare di ricomporla. Ciò è cosa rara, pure negli artisti di discendenza jazz non è incessantemente presente, tantomeno per sempre. Si esaurisce. Per i Soft Machine è durata alcuni anni.

Kevin Ayers, Robert Wyatt, Mike Ratledge

Macchina soffice così duttile da essere in grado di elargire moltissime gioie musicali ad amplissimo raggio, sia per chi è più appassionato di composizioni complesse, chi di quelle incantevoli minimalistiche o di controllati caos, astratti o incisivi riff, ricerche timbriche e manipolazioni sonore, complicati obbligati, temi cantabili, notevoli interazioni e improvvisazioni. A ben pensarci nella storia musicale pochissimi così e a questo livello, creativo ed esecutivo.

Dunque questa band inglese di musicisti di provincia (Robert Wyatt – batteria e voce Mike Ratledge - tastiere e Kevin Ayers basso e voce) ha, insieme con Frank Zappa, dato un impulso formidabile alla musica Rock: E siccome sono stati i primi a manifestare questo approccio di estrema libertà d'accomunamento di forme e contenuti senza limiti, hanno fondato in Europa anche una sorta di pensiero estetico e poetico di atteggiamento alla musica, che ha fecondato, in modi differenti, moltissimi gruppi importanti che si sono succeduti in quell'età dell'oro.

Dopo i Beatles (e in parte Jimi Hendrix), e contemporaneamente a loro, tentando, dopo averle assimilate, di sorpassare quelle formidabili lezioni, Zappa, Caravan, Pink Floyd, e soprattutto Soft Machine, sono stati quelli che hanno preso per mano il Rock e lo hanno fatto maturare e donandogli un importante quarto di nobiltà tramite il viraggio della loro musica verso un certo tipo di Jazz, contribuendo peraltro a fondare il genere Jazz-Rock[1], immettendo pure, integrandoli, moduli e procedure di minimalismo

---

[1] Si sa, prima c'è stato il Jazz con molti contenuti propriamente musicali e in seguito il Rock con molti meno contenuti ma molte più forme timbriche. E la ricerca timbrica che il Rock ha quasi esacerbato va comunque considerata come un elemento compositivo di rilievo: il colore-ombreggiatura del suono fa sì che le qualità musicali delle simultanee parti melodico-armoniche (e ritmiche) che scorrono siano messe in evidenza: tre voci che si sovrappongono si (con)fondono molto di più di una voce, una chitarra e un piano elettrico. In questo modo

musicale (i francesi Magma del batterista Christian Vander hanno a loro volta preso molte di queste fondamentali assi di costruzioni musicali ed edificato dei monumenti ancor troppo poco conosciuti rispetto alla loro magnificenza).

Perfettamente coevi e adiacenti geograficamente ai Pink Floyd e ai Caravan (e all'Experience di Hendrix) i Soft Machine hanno dunque influenzato gran parte dei maggiori gruppi che anelavano alla totalità espressiva, come Gong e King Crimson, e non solo quelli di matrice Rock, pure quelli più legati al jazz, per esempio in Italia il Perigeo e gli Area devono non poco ai SM.

I SM erano parenti ai Caravan (sin da metà anni '60 si frequentavano scambiandosi idee e quant'altro...), e dalla loro esperienza *canterburiana* (erano originari di quelle parti dell'Inghilterra - *approfondimenti in Appendice*) si delinearono due correnti capitali: quella più propriamente Progressive ovvero quello della canzone rock rigidamente connessa alla musica Classica sviluppata senza innesti delle matrici afroamericane (Blues, Jazz e R&B/Funk), e quella che ha accostato e fuso la canzone rock con ciò che era esplicitamente più colto in maniera moderna, ossia il Jazz e gli esperimenti minimalisti-rumoristi della musica di matrice accademica.

---

si arricchiscono i livelli impressivi-espressivi. Un po' come la differenza di un'immagine disegnata/dipinta: Jazz più fantasiosi e umorali architetti, Rock più ingegnosi pittori. Un gruppo Jazz-Rock ha la sostanziale caratteristica di essere sia più impregnato di contenuti musicali di un gruppo rock sia più impregnato di timbrica di un gruppo jazz. E i Soft Machine sono tra i fondatori del genere. (*Approfondimento sulle caratteristiche operative del Jazz-Rock in Appendice.*)

Robert Wyatt (1967)

Va da sé che i caratteri delle singole persone hanno connotato in maniera decisiva le scelte delle forme espressive. Ovvero come si realizzavano musicalmente quei propositi di esser creativi, d'inserirsi nel mondo musicale facendosi largo in una selva di situazioni che, semplificando, da una parte favorivano l'emergere della nuova generazione (il fermento sociale capeggiato all'epoca dai movimenti giovanili) e dall'altra l'osteggiavano per la diffusa diffidenza dell'establishment, sia culturale-politico sia propriamente musicale, nei confronti di questo rapido avanzamento del "nuovo" negli strati del pubblico più conservatore anche in termini di sottrazione di vitali quote di mercato (per esempio il Jazz stava per esser definitivamente divorato dal Rock...).

L'esordio: 45 giri e demo

I gruppi rock nati verso la metà degli anni Sessanta erano formati da ragazzi appena maggiorenni o giù di lì, e pure quelli che in seguito diverranno di riferimento assoluto, conseguirono le prime registrazioni e/o pubblicazioni di qualità artistica e strumentistica modesta. Realizzazioni alquanto ingenue, troppo influenzate dai gruppi più esperti e famosi (in primis i Beatles): erano una via di mezzo tra quella musica imperante e il loro acerbo ma chiaro talento che premeva per emergere...

I Soft Machine non furono l'eccezione. Dopo le esibizioni nei locali inglesi come il mitico UFO di Londra (dove anche i Pink Floyd erano soliti esibirsi), il gruppo con Daevid Allen alla chitarra, Kevin Ayers al basso (e voce), Robert Wyatt batteria e voce e Mike Ratledge tastiere, fu notato da importanti personaggi, come Chas Chandler ("scopritore" di Jimi Hendrix), e messo in condizione di registrare nel gennaio del 1967 alcuni brani: la prima pubblicazione, febbraio '67, fu un 45 giri contenente *Love Makes Sweet Music* e *Feelin' Reelin' Squeelin'*: tutte e due i pezzi alquanto rapidi, il primo trascurabile, il secondo più articolato e originale, con innesto centrale strumentale che progressivamente deraglia tra esaltati flautini fischiettanti, voce "narrante" e la ritmica con l'organo tumultuosi... Scarso il successo.

Due mesi più tardi, su invito di Giorgio Gomelsky, "scopritore" di Yardibirds e Rolling Stones, registrarono dei provini: nove brani, tutti cantati, che non furono usati per alcuna pubblicazione (peraltro, quattro pezzi erano di Hugh Hopper, che orbitava in quei dintorni da tempo...).

Nel 1972, sull'onda del successo del gruppo, la casa discografica BYG Records, all'interno di una collana chiamata *Rock Generation*, pubblicò queste registrazioni preistoriche dei Soft Machine col titolo **Faces and Places Vol.7**. Negli anni successivi, anche altre etichette "piratarono" quei demo con titoli diversi: *Soft Machine*, *At the Beginning*, *Jet-Propelled Photographs* e *Shooting At The Moon*.

La musica di quelle primordiali registrazioni non è priva di qualche ottimo spunto, *That's How Much I Need You Now* di Wyatt è una bella canzone, pianoforte e voce, sorta di suo archetipo stilistico; *Save Yourself*, sempre sua, verrà ripresa per il disco d'esordio; anche il pezzo *I Should've Known* di Hopper (con un lungo assolo di chitarra elettrica di Allen) sarà recuperato (*Why Am I So Short? / So Boot if At All*); *Jet-Propelled Photograph* di Ayers è una breve canzone eccentrica in tempo ternario, rapida e sincopata, strutturata in modo non banale; *When I Don't Want You* (Hopper) specie di R&B swing con assolo di organo; *Memories* altra bella canzone (di Hopper) in tempo terzinato con qualche screziatura spagnoleggiante, che qua e là farà capolino nel repertorio di Wyatt e compagni come appunto una reminiscenza; *You Don't Remember*, di Allen e Wyatt, è il brano più convincente: veloce e incisivo, ricco melodicamente e strutturalmente, sarà ripreso per la sezione centrale di *Moon In June* (in *Third*). Gli ultimi due pezzi *She's Gone* e *I'd Rather Be With You* di Ayers, veloci e taglienti, ma non particolarmente interessanti.

THE SOFT MACHINE

1968

The Soft Machine

1) Hope for Happiness - 4:21 *(Ayers, Ratledge, B. Hopper)*
2) Joy of a Toy - 2:49 *(Ayers, Ratledge)*
3) Hope for Happiness (Reprise) - 1:38 *(Ayers, Ratledge, B. Hopper)*
4) Why Am I So Short? - 1:39 *(Ratledge, Ayers, H. Hopper)*
5) So Boot If At All - 7:25 *(Ayers, Ratledge, Wyatt)*
6) A Certain Kind - 4:11 *(H. Hopper)*
7) Save Yourself - 2:26 *(Wyatt)*
8) Priscilla - 1:03 *(Ayers, Ratledge, Wyatt)*
9) Lullabye Letter - 4:32 *(Ayers)*
10) We Did It Again - 3:46 *(Ayers)*
11) Plus Belle qu'une Poubelle - 1:03 *(Ayers)*
12) Why Are We Sleeping? - 5:30 *(Ayers, Ratledge, Wyatt)*
13) Box 25/4 Lid - 0:49 *(Ratledge, H. Hopper)*

Robert Wyatt – *batteria, voce*
Mike Ratledge – *organo, piano (13)*
Kevin Ayers – *basso elettrico, voce (10, 12), cori (7, 9), piano (5)*

Musicisti aggiuntivi:
Hugh Hopper – *basso elettrico (13)*
The Cake – *cori (12)*

Registrato presso i Record Plant Studios (New York City) – Aprile 1968
Prodotto da Chas Chandler e Tom Wilson
Etichetta originale: ABC/Probe Records
Pubblicato nel Dicembre 1968

Versione dell'album oggetto dell'ascolto:

CD - Big Beat Records – CDWIKD 920 (UK, 1989)

Il 1968 è stato uno degli apici del formidabile fermento creativo che il mondo musicale stava attraversando, era pervaso da titani che hanno lasciato ai posteri dei veri tesori.

In quell'anno i Beatles avevano quasi concluso la loro magnifica evoluzione artistica, come Brian Wilson con i Beach Boys, anche Jimi Hendrix stava all'apice; i Pink Floyd erano al loro secondo disco, ascendendo...

Mentre negli USA Zappa stava prendendo le giuste misure per i suoi capolavori; gli Spirit avevano già pubblicato il loro splendido disco d'esordio e il secondo sarà pubblicato in dicembre; e un tale di nome Miles Davis stava cominciando ad elettrificare il suo enorme ingegno e talento e a guardare sinistro al Rock...

Molto era accaduto di meraviglioso, però ancor più doveva accadere, e i Soft Machine saranno dei protagonisti assoluti.

Cominciarono molto bene con questo primo disco, seppur, in confronto ai loro coevi, risentendo ancora molto dell'aspetto canzone (con Ayers e Wyatt l'assetto era più inclinato in tal senso) e ancora un po' immaturi strumentalmente, rispetto a quanto faranno con il disco successivo, hanno realizzato un album molto interessante e personale: hanno comunque sperimentato e osato e sono riusciti subito a farsi valere. Sarà di lì a qualche mese con l'entrata di Hopper nel gruppo al posto di Ayers, quindi con l'assetto più inclinato verso la musica dura e pura, quella strumentale, bilanciato da Wyatt, che prenderanno le distanze da tutti gli altri, elevandosi.

Infatti questo primo disco brioso, di timbro squillante e linguacciuto è il prologo del secondo, molto equilibrato nei toni; appena dopo, dal capolavoro *Third*, i SM curveranno in favore della musica più grave e austera, strumentale. Una trasfigurazione quasi totale.

Dunque **The Soft Machine** (o *Volume One,* come convenzionalmente viene chiamato) è un album basilare per comprendere la traiettoria ripidissima che i SM hanno tracciato nei loro incredibili primi tre anni di vita, l'origine dell'essere un *non-gruppo* o l'*ipergruppo* perfetto per fondare un laboratorio musicale dove gli alambicchi con stampigliate etichette *Rock* e *Jazz* sono diventati uno solo, nel quale è gorgogliata una quota importante delle pozioni sperimentali del fare musica più all'avanguardia, seriamente, senza superficiali iridescenze modaiole. *Volume One* contiene i primi simboli scritti della grandiosa formula musicale dei Soft Machine.

Seppur registrato nel bel mezzo di un tour negli USA (estate del 1968) come gruppo di supporto alla Jimi Hendrix Experience, pertanto molto rapidamente, in meno di una settimana e praticamente dal vivo, *Volume One* è un disco deflagrante, desta attenzione ed è ben riuscito anche sotto il profilo tecnico esecutivo e audio.

Il lungo primo brano (di circa nove minuti) è diviso in tre tracce (***Hope for Happiness/Joy of a Toy/Hope for Happiness Reprise***) e si apre in modo alquanto strano: solo Robert Wyatt, batteria filtrata con echi e voci sovraincise e un "filo" di organo... dopo l'introduzione di melismi e frasi melodiche che si sovrappongono, suoni di batteria che scandiscono, temporeggiando; lentamente "sale" e a 1'42" comincia la sezione A del brano su un tempo medio terzinato, brioso, motivo discendente più declamato che cantato, poi a 1'55" sezione B con note ascendenti per giungere a 1'59" al breve ostinato melodico che pronuncia il titolo. Si ripetono A e B e si arriva a un ponte (2'41") con l'organo di Ratledge, quasi melismatico, che s'innesta sui cori; è la preparazione per il suo assolo che a 2'52" principia. Va avanti per circa un minuto, frase strumentale insieme con le voci, breve ripresa della sezione B e tramite un finale che contrasta l'andamento "frizzantino", andando a martellare lentamente il tempo con note basse e un po' dissonanti di organo sottolineate dalla ritmica, s'innesta *Joy of a Toy*.

Dopo un breve preambolo, pigro scandire di quarti con charleston in levare e un motivo suonato da Ayers, sovraincidendosi col basso effettato (wha-wha ed eco), per poi fare un breve assolo, dal quale ne esce con un altro motivo, poi shuffle con raddoppio di velocità, sale la dinamica su una nota, per giungere a 2'36" eseguendo similmente al precedente pezzo il martellamento che anche qui funge da lancio per *Hope for Happiness (Reprise)*. Quindi il tempo si serra per le terzine di ottavi all'interno della scansione del cantato che riprende la melodia di *Hope* sulla sequenza armonica per concludere dopo nemmeno un minuto in modo quasi free... sospensione... colpo finale che decreta il termine di questa mini suite.

Anche i brani **Why Am I So Short?** e **So Boot If At All** sono connessi. Il primo è un tanto breve (1'39") quanto variegato pezzo (medium tempo) ricco di motivi melodici, cantati e non, e mini sezioni alquanto originali che si susseguono; il secondo è la lunga parte improvvisativa (7'25") che prevede l'assolo di organo e batteria, inframezzati da quello del basso. Al termine la ripresa della prima sezione di *Why Am I So Short?*, per poi essere tagliato un po' bruscamente per far cominciare senza pausa **A Certain Kind**... pezzo più ortodosso, una canzone dal carattere un po' malinconico, nulla di particolare.

I Soft Machine e la Jimi Hendrix Experience

Più interessante è la seguente **Save Yourself,** breve pezzo alquanto stravagante ed eterogeneo che sfocia nell'ancor più breve (1'03") **Priscilla,** sorta di fuga strumentale vagamente jazzata, ma, tramite una frase discendente del basso si congiunge **Lullabye Letter** che, mantenendo la rapida velocità e il ritmo incalzante, si sviluppa con tema cantato e concitato assolo di organo. Ripresa del tema, variazione e chiusura. Fill di batteria di congiunzione ed ecco **We Did It Again**: basato su un riffetto di una battuta che man mano si velocizza, poi rallenta; i Gong faranno tesoro della sua scintilla umorale...

Attacca, senza soluzione di continuità, il breve pezzo **Plus Belle qu'une Poubelle** che poi diviene **Why Are We Sleeping?** Semplice brano fondato sull'alternanza di una mini sezione strumentale (due misure) con a volte una voce narrante e un'apertura (di quattro misure) cantata in coro.

L'ultimo brano del disco è **Box 25/4 Lid**: un originale brano congegnato su una bella frase di circa 10 secondi in tessitura media-bassa con pulsazione a velocità medio-alta, esposta cinque volte insieme dal basso distorto e dal pianoforte. Asimmetrica e dispari come metrica (25/4 come segnata dal titolo), interamente fondata su una scala pentatonica (LA "penta-eolio"), che evita l'abusato carattere blues od estremo orientale perché la sequenza di note non è scalare (intervalli di seconde e terze minori) ma per quarte (giuste) e quinte (giuste ed eccedenti).

Si conclude così *Volume One*, un disco ancora un po' acerbo ma che presenta una carica alquanto innovativa, alquanto eccentrico, ma non satirico come quelli di Zappa e le sue Mothers, al massimo un po' sarcastico, con alcune inclinazioni strumentali para jazzistiche, che lasciano intravedere brillanti sviluppi.

VOLUME TWO

1969

Volume Two

Rivmic Melodies - 17:07
1) Pataphysical Introduction – Pt. 1 - 1:00 *(Robert Wyatt)*
2) A Concise British Alphabet – Pt. 1 – 0:10 *(Hugh Hopper, arr. Wyatt)*
3) Hibou, Anemone and Bear – 5:58 *(Mike Ratledge, Wyatt)*
4) A Concise British Alphabet – Pt. 2 – 0:12 *(Hopper, arr. Wyatt)*
5) Hulloder – 0:52 *(Hopper, Wyatt)*
6) Dada Was Here – 3:25 *(Hopper, Wyatt)*
7) Thank You Pierrot Lunaire – 0:47 *(Hopper, Wyatt)*
8) Have You Ever Bean Green? – 1:23 *(Hopper, Wyatt)*
9) Pataphysical Introduction – Pt. 2 – 0:50 *(Wyatt)*
10) Out of Tunes – 2:30 *(Ratledge, Hopper, Wyatt)*

11) As Long as He Lies Perfectly Still – 2:30 *(Ratledge, Wyatt)*
12) Dedicated to You But You Weren't Listening – 2:30 *(Hopper)*

Esther's Nose Job - 11:13
13) Fire Engine Passing with Bells Clanging – 1:50 *(Ratledge)*
14) Pig – 2:08 *(Ratledge)*
15) Orange Skin Food – 1:52 *(Ratledge)*
16) A Door Opens and Closes – 1:09 *(Ratledge)*
17) 10.30 Returns to the Bedroom – 4:14 *(Ratledge, Hopper, Wyatt)*

Robert Wyatt – *batteria, voce, cori*
Mike Ratledge – *piano, organo Lowrey Holiday De Luxe, organo Hammond (3), clavicembalo (12), flauto (3, 10)*
Hugh Hopper – *basso elettrico, chitarra acustica (12), sassofono (3, 14-16)*

Musicisti aggiuntivi:
Brian Hopper – *sassofono soprano e tenore*

Registrato presso gli Olympic Studio di Londra tra Febbraio e Marzo 1969
Prodotto dai Soft Machine
Etichetta originale: Probe Records
Pubblicato nel Settembre 1969

Versione dell'album oggetto dell'ascolto:
CD - Big Beat Records – CDWIKD 920 (UK, 1989)

Autunno 1968, dopo il primo disco e tanti concerti, per consunzione psico fisica, Ayers ha abbandonato il gruppo che di fatto si scioglie (in squadra per qualche concerto era stato ingaggiato anche il bravissimo futuro chitarrista dei Police, Andy Summers). La casa discografica impone però la realizzazione di un secondo album, come da accordi, e così Ratledge e Wyatt recuperano Hugh Hopper, sempre più valente bassista e compositore, oltre che occasionale chitarrista e fiatista.

Volume Two, registrato nell'inverno del 1969 e pubblicato in settembre, continua sulla scia del primo e rilancia, innanzitutto col concetto di fusione delle tracce, costituendo in questo modo dei lunghi brani e suite...

Mike Ratledge, Hugh Hopper, Robert Wyatt (1969)

Il primo lato del disco è chiamato *Rivmic Melodies* e principia con il pezzo **Pataphysical Introduction - part I**, che dura sessanta secondi e nel quale c'è dentro molto: breve e morbida introduzione su un accordo sospeso (FA/SOL), mini sezione A esposta principalmente dal pianoforte costituita da due misure, una in 7/4 e l'altra in 15/8; poi altra sezione (in 4/4) modulante e cantata (quasi parlata).

Si ripete il tutto e si giunge alla declamazione dell'alfabeto inglese nei dieci secondi di **A Concise British Alphabet - part I** e, senza soluzione di continuità attacca **Hibou, Anemone and Bear** con il riff di basso distorto di Hopper in un rapido 7/8 modulando in FA dorico... Prosegue strumentale, dominato dalle tastiere di Ratledge con aggiunta una piccola sezione fiati (c'è anche il fratello di Hopper, Brian, ai sax) che sottolinea il riff, seguono modulazioni e assolo di Ratledge. Dopo quasi 3' si acquieta il tutto, il tempo si dimezza ed entra il cantato di Wyatt. Dopo un pregevole sviluppo, termina con i piatti di Wyatt che *prima* suona un ritmo in 13/8 e poi li "scroscia" giungendo ad **A Concise British Alphabet - part II** che introduce **Hulloder**, una canzone strana e breve (meno di un minuto).

Dada Was Here è un brano cantato (spesso con raddoppi), voci filtrate da riverberi ed echi, fondato su una raffinata sequenza di accordi sincopata e cambi di ritmi e di dinamiche, con sottili "punteggiature" della batteria di Wyatt. A 2'10" attraverso un ponte condotto dal basso arriva una differente sezione strumentale che porta al termine il brano al quale è collegato **Thank You Pierrot Lunaire**, che principia con un ritmo in 7/8, sciogliendosi in ancora più espliciti moduli jazzistici per via delle armonie e della batteria swing. Appena il tempo di abituarsi a questo dondolio che dopo meno di un minuto termina per far posto, senza pausa, a **Have You Ever Bean Green?**, brano appena più convenzionale con linea melodica cantata in coro con finale sorprendente: nota cantata tenuta fissa e rulli di batteria, basso distorto e pianoforte atonale...

E attacca **Pataphysical Introduction - part II** un po' differente dalla *part I* (con il motivo un po' stralunato esposto dai fiati) che funge da introduzione all'impressionante ultimo brano del primo lato del disco: **Out of Tunes**.
Comincia con un riff di basso in 5/8, il piano che martella un accordo e i fiati (flauto e sax) che svolazzano intorno, voci che si sommano... Dopo meno di trenta secondi, come se franasse, si disgrega in un turbine di suoni, il basso cerca di resistere, salgono le voci, la batteria si frantuma e dissolve, distorsioni ed echi, piccole esplosioni e fugaci apparizioni riverberate... eruzioni vulcaniche,

lava sonica che si spande libera e dalla quale riaffiora (2'12") il primigenio ritmo appena trasfigurato, dura pochissimo. Getto di vapore offuscante; schermo nero. Fine.

Il secondo lato del disco è diviso in tre composizioni, le prime due brevi (di circa due minuti e mezzo ciascuna) e l'ultima, una suite di oltre undici minuti, frazionata in cinque segmenti.

As Long as He Lies Perfectly Still sembra riprendere qua e là alcuni frammenti del primo lato del disco (*Pataphysical Introduction* e *Dada Was Here*). Canzone in 7/8 ricca melodicamente e armonicamente, e alquanto densa timbricamente (pianoforte, basso, batteria e organo filtrato), dopo l'inizio strumentale, nel quale si espone interamente la forma (A-B), la voce di Wyatt si sovrappone perfettamente, ricalcandone in alcuni punti la strutturazione musicale. La struttura si ripete alcune volte con poche varianti fino al termine.

La plasticità di scrittura ed esecutiva fin qui manifestata è inusitata nel Rock, e il meglio deve ancora arrivare... ma intanto un interessantissimo bozzetto acustico: **Dedicated to You But You Weren't Listening**. Chitarra acustica (prevalentemente arpeggiata, un po' pizzicata) e voce, Hopper e Wyatt, con il clavicembalo di Ratledge a ricalcare con volume attenuato, quasi mimeticamente, la parte di chitarra, per un brano strutturato in tre parti con addendum: sezione *A*, tre misure in 7/8 con melodia sincopata e a intervalli ampi, a 7" *ponte* di transizione di una misura in 4/4 con melodia più smussata, a 9" sezione *B* di 4 misure di 4/4 con melodia distesa tutta in battere all'inizio una nota ogni misura poi una nota ogni pulsazione; a 19" sezione *C* di 4 misure saltellante in 6/8, con l'ultima in rallentando. Si ripete tutto, poi a 57" una sezione aggiuntiva *D* con una complessa melodia discendente cantata da Wyatt che segue l'arpeggio della chitarra di Hopper. Ancora replica della forma con D appena variata, ripetizione fino alla sezione C parzialmente cantata, chiude strumentale con due accordi ripetuti. Piccola gemma.

Esther's Nose Job è una suite interamente fondata su un tempo dispari, il 7/8, e nel Rock è uno straordinario avvenimento.
Inizia con **Fire Engine Passing with Bells Clanging**, quasi due minuti di fuoco e fiamme di suoni, fucina dalla quale il grande fabbro Ratledge a 1'14" forgia un piccolo ma sinistro tema melodico basato sulla "scura" scala Frigia (però manca una nota)...
La sezione denominata **Pig** si connette con un semplice ritmo di batteria di tre misure in 3/4+1/8, al quale fa seguito in battere una pausa marcata da una nota del pianoforte, lunga lo stesso tempo, si ripete, poi attacca un riff di quattro note, che marcano proprio i tempi prima esposti dalla batteria, costruito su intervalli di quarta e quinta (similarmente a *Box 25/4 Lid*), sopra il quale dopo un po' (32") si sovrappone il sinistro tema del pezzo precedente (con reiterazione finale e quindi un po' allungato), che prepara il cambio di struttura. Cambio che avviene a 51" con l'entrata di una melodia cantata su dei cambi armonici (e ritmici, ma non metrici). Poi s'innestano dei fiati a sostegno che portano a termine strumentalmente la sezione che si congiunge senza soluzione di continuità con **Orange Skin Food**.
Riff di fiati di due note armonizzate (sempre con lo stesso metro di prima, ma molto più rapido e frazionato in modo diverso: 3/8+4/8) e la tastiera che fraseggia liquida intorno a loro. A 13"

entrano basso e batteria e si crea un triplo strato ritmico: il basso suona cinque note (3/8+2/4) e la batteria 3/4+1/8. La tastiera con un timbro molto filtrato continua un assolo dal sapore *free-coltraniano* sopra questo slittamento temporale... Un gorgo musicale interrotto quasi improvvisamente da una frase del basso distorto lunga due misure che introduce il riff di *A Door Opens and Closes*.

Tutto il gruppo, compresi i fiati, spingono fino a interrompersi a 40", lasciando il posto alla voce di Wyatt (e al suo piatto) che ricalca il tema del riff; subito incalzato dal basso e, a 1', dalla risposta di tutti. Su una nota lunga del basso s'innesta il riff di *Pig*, però in tessitura media e suonato dalle tastiere, segue il tema (sempre di *Pig*) suonato dal basso distorto: è iniziato l'ultimo brano *10:30 Returns to the Bedroom*.

A 22" entra la batteria e il basso esegue una frase serrata; comincia un conciso e bell'assolo di Hopper... Poi il bassista disinserisce il distorsore e riprende il riff delle tastiere, e il brano si sviluppa brevemente con le armonie delle tastiere alle quali fa seguito, dopo un piccolo obbligato a mo' di lancio, la risposta della batteria, rimasta da sola, con un intervento in cui mantiene il ritmo originario. A 2'19" emerge il basso con una frase serrata poi raddoppiata dalle tastiere, dura poco perché avviene una differente sezione eretta su una frase delle tastiere duplicata in maniera onomatopeica dalla voce, con una specie di contrappunto del basso, poi s'incrociano tutte e tre le parti, break, che prepara il finale: ancora spinta di tutti, a 2'59" obbligato di basso e tastiere con una veloce frase "angolare" discendente che, dopo un altro break, riprende risalendo, sottolineata dalla batteria, e che finalmente termina con un accordo (poi variato un poco) sul quale si sovrappongono liberi fraseggi di basso e batteria che dopo qualche secondo si acquietano lasciando l'ultima "parola" alle tastiere che in dissolvenza terminano il disco.

Ancora meno stravaganze e più "seria" originalità rispetto al *Volume One*, in questo *Volume Two* è aumentata l'attitudine d'esplorazione del campo jazzistico, con le sue fughe strumentali e flessibilità, temi complessi e armonie modulanti, con in più un'assidua esplorazione di ritmi e tempi asimmetrici, anomala sia nel Jazz che nel Rock. Sarà soprattutto la suite *Esther's Nose Job* a fornire ai SM il percorso futuro; altresì le sperimentazioni soniche (sia di connubi timbrici tra strumenti sia l'uso di effetti) non vengono meno, anzi sembrano più consapevolmente adottate, contribuendo alla coesione dell'opera, che sarà una delle maggiori di quel decennio e che feconderà non poco gli avvenimenti musicali venturi, pur rimanendo pressoché unica nel panorama, pure degli stessi Soft Machine.

THIRD

1970

Third

1) Facelift - 18:45 *(Hugh Hopper)*
2) Slightly All the Time – 18:12 *(Ratledge)*
3) Moon in June – 19:08 *(Robert Wyatt)*
4) Out-Bloody-Rageous – 19:10 *(Ratledge)*

Mike Ratledge – *Pianet Hohner, organo Lowrey, piano*
Hugh Hopper – *basso elettrico*
Robert Wyatt – *batteria, voce (3)*
Elton Dean – *sassofono contralto, saxello*

Musicisti aggiuntivi:
Rab Spall - *violino (3)*
Lyn Dobson - *flauto, sassofono soprano (1)*
Nick Evans - *trombone (2, 4)*
Jimmy Hastings - *flauto, clarinetto (2, 4)*

Registrato presso gli IBC Studios (Londra) tra Aprile e Maggio 1970
Prodotto dai Soft Machine
Etichetta originale: CBS
Pubblicato nel Giugno 1970

Versione dell'album oggetto dell'ascolto:
CD - 471407 2 (Europa, 1992)

La maturazione artistica ed esecutiva dei Soft Machine stava già prevedendo di allargare il gruppo a ospiti che potessero offrire più dimensioni musicali rispetto a un trio, partiture più congegnate e ricerca timbrica. Tutto questo porta il trio a cercare altri musicisti. L'intento di contaminazione tra Rock, Jazz e musica minimalista era predominante. Brian Hopper fu il primo, e la sua collaborazione, oltre al *Volume Two*, si traduce in alcuni concerti nel 1969 e nella registrazione di circa settanta minuti di droni, esperimenti minimalisti e improvvisazioni psichedeliche: un'esplorazione sperimentalista ed estrema del tutto diversa rispetto ai primi due dischi. Questi interessanti nastri saranno pubblicati dalla Cuneiform Records solo nel 1996 con il titolo **Spaced** *(maggiori dettagli in Appendice)*.

La svolta arriva nell'autunno del '69, quando i Soft Machine ingaggiano, per le esibizioni dal vivo, Elton Dean (sassofono contralto e saxello), che diverrà un membro del gruppo a tutti gli effetti, Mark Charig (cornetta), Nick Evans (trombone), e Lyn Dobson (flauto, sassofono tenore e sassofono soprano), tutti musicisti che ruotavano nell'ambito del Jazz inglese più o meno avanguardistico (Keith Tippett).
Nonostante molte difficoltà i SM proseguono la loro attività nella nuova dimensione ampliata, impegnandosi a fondo in sessioni di registrazione di un nuovo disco dall'aprile al maggio del 1970, che si concretizzano finalmente nel doppio **Third**, pubblicato dalla CBS a giugno.
L'album si allontana decisamente dal Rock verniciato di psichedelica, colorazione da cui i Soft Machine erano emersi due anni

prima, immergendosi sempre più in profondità nel Jazz e nel minimalismo, con l'approccio e le tecniche del Rock e quindi la fusione di tutto ciò. Peraltro con un diffuso e peculiare carattere anecoico e poco tridimensionale: i suoni sono trattati in modo poco spazializzato sia orizzontalmente (posizionamenti stereofonici) sia verticalmente (dinamiche e riverberazioni), insomma un suono poco aperto, un po' ottuso.

Mike Ratledge, Hugh Hopper, Robert Wyatt, Elton Dean

Tuttavia la tenue colorazione psichedelica dei primi due dischi sopravvive vagamente nelle atmosfere dell'album, nelle forme dilatate e fuori dal tempo. Le canzoni brevi, variegate e un po' acide tramutano in elaboratissimi susseguirsi di sezioni di riff, temi, cambi di ritmi e tempi, improvvisazioni corali e assoli strumentali di chiara matrice jazz, che vengono modificati, ritagliati e rifiniti tramite le tecniche di manipolazione dei nastri, seguendo gli esempi forniti dal capolavoro di Frank Zappa **Uncle Meat** e **In A Silent Way** di Miles Davis.

Dunque *Third* è affatto avulso dall'ironia, rimpiazzata da un'aura severa e rarefatta, che trova nei climi ipnotici del minimalismo di Terry Riley (*approfondimento in Appendice*) e nelle sonorità espressioniste delle coeve opere di Miles Davis, i termini di raffronto più appropriati, anche per via dell'eccellente tecnica esecutiva che i Soft Machine hanno raggiunto.

Ma non è esattamente per tutti così, non c'è tetragona compattezza e intenti del tutto condivisi, le loro idee sempre più radicali e creative conducono in posti differenti, quindi a un allontanamento tra i vari componenti del gruppo. Ratledge e Hopper sono sempre più interessati a una musica strumentale, fusione tra quella Classica avanguardistica e Jazz moderno anche *free*, ritmi complessi e metri complicati, Wyatt, seppur profondo conoscitore del Jazz, molto meno. Egli sta sviluppando un linguaggio unico che fonde il Rock e il Jazz tramite altre formule e con sperimentazioni vocali.

Infatti *Third* è diviso in quattro lunghe composizioni, una per ogni lato del doppio vinile, in pratica quattro suite (anche questo un primato): la prima è di Hopper, la terza di Wyatt, e la seconda e quarta di Ratledge. Tuttavia ci sono importanti convergenze che fanno in modo che il risultato sia un piccolo prodigio di creativa osmosi musicale dei tre artisti: tutti e tre a livello di temi attingono al linguaggio del jazz, per poi declinarlo con ritmiche più complesse e serrate (seppur flessibili e non rigide) di natura più Rock (poco swing), però fondendone lo stile esecutivo (l'attitudine all'interazione tra i membri e quindi l'elasticità jazz), e coniugarlo diffusamente con i riff; altresì tutti adottano le manipolazioni nastri.

Il primo brano, **Facelift**, è fondamentalmente frutto di un montaggio di due diverse performance live (e alcune sovraincisioni e manipolazioni) risalenti ai tempi in cui i Soft Machine erano ancora un quintetto con Elton Dean e Lyn Dobson, registrate il 4 e il 16 gennaio. Altresì la versione che viene pubblicata su *Third* è alquanto modificata.

La sperimentazione tensiva, free-rumorista, già evidentissima nel *Volume Two*, qui è messa addirittura in apertura dell'opera e sottolineata dal fatto che è un unico strumento il protagonista di ciò: infatti, solitario Ratledge, principia con un'inquietante nota in bassa frequenza tenuta per oltre un minuto e interventi armonici-melodici schizofrenici; poi con un delirante assolo di organo, straziato, saturato e manipolato elettronicamente pone un ulteriore spartiacque tra i SM e tutti gli altri gruppi Rock... Solo dopo circa due minuti fanno seguito "timide" note del basso di Hopper, e dopo oltre tre minuti gli aspri e lamentosi interventi dei fiati, introduzione al tema di *Facelift* e alle lunghe improvvisazioni che da esso scaturisce. Mai si era ascoltata una cosa del genere nel Rock.

Dopo oltre cinque minuti ecco finalmente una strutturazione, in media velocità semplice riff di basso e tastiere in 7/4 basato sull'arpeggio di MIm7 con risposta armonizzata dei fiati: potrebbe essere un pezzo di Hendrix o dei Cream, e invece si sviluppa in ben altro... A 5'54" tema alquanto articolato esposto dai fiati (sempre su un tempo di 7/4 ma con la batteria che rutila sui tamburi senza prendere un ritmo), che si completa in molte battute, tra piccole ripetizioni, variazioni e ampliamenti melodici. A 7'02" mutamento di atmosfera con un serrato e scarno riff presago di un lungo assolo di organo puntellato dallo starnazzare dei fiati. A oltre dieci minuti è ripreso il riffettino (da 8'45" il suono non è più stereofonico ma divenuto del tutto mono) e lentamente c'è un incrocio di mix tra diverse registrazioni che emerge a circa 10'25".

Posto prevalentemente nel panorama destro, Wyatt suona un asciutto ritmo sulla campana del piatto, cassa e tamburi, mentre a sinistra (sovrainciso) c'è un altro e ancor più scarno ritmo a tempo dimezzato, insieme a un'ostinata figura di tastiere (poi del basso) tutto ciò si sovrappone e impone alla prima registrazione, che rapidamente si dissolve. A 11'03" ancora mix di registrazioni, brevemente fiati e batteria suonano una specie di mini fanfara; si fermano, emerge da solo l'organo, lo segue il flauto per un lungo intervento permeato da cadenze barocche su nota tenuta dall'organo. Qualche nota di sax e basso premonitrici di un altro edit: a 12'57" riemerge batteria e riff, accordi e sax per sostenere ancora l'assolo di flauto che nel frattempo è divenuto meno classicheggiante, lirico e sospeso nel vuoto ma più nervoso. A 14'12" termina il flauto emergono altri suoni (fiati e tastiere) che saturano il quadro sonico del brano, il soprano/saxello di Dean va in assolo e conduce verso la ripresa del tema, introdotto a 17'05" dagli accordi del piano elettrico e del basso. Appena un po' differente di quello esposto a 5'54", a 17'28" è suonato il tema principale fino a un ulteriore inserimento (a 17'54") e manipolazione di varie registrazioni (riprodotte anche al contrario). In questo gorgo sonico un po' ingenuo, però efficace, si chiude il primo lungo brano di *Third*.

Un sospeso e placido riff di basso in 11/8 (sequenza ascendente/discendente di RE1-LA2-RE2) a velocità media introduce **Slightly All the Time**, il brano con linguaggio più manifestamente jazz di tutto *Third*. Si tratta di una composizione in forma di suite di carattere post hard bop, con importanti digressioni, irruzioni, accumulazioni, e naturalmente improvvisazioni, ottenuta anche da precedenti brani in repertorio già da qualche mese e proposti dal vivo, incorporandovi temi e spunti di *Mousetraps* e *Noisette* (a nome di Hopper) e di *Backwards*. Riff (e armonici del basso sovraincisi) e batteria swing per il preludio, poi accordi di piano elettrico e appresso uno straordinario tema esposto dai due fiati: complesso e flessuoso, di ampio respiro. Oltre venti secondi per la parte A, ripetuta, a 1'22" segmento B, a 1'37" quello C fino a 1'47" ove inizia un breve assolo il sax contralto sulla stessa struttura. A 2'21" obbligato tra piano elettrico e fiati, per rilanciare il solo, nel quale Ratledge suona in modo reiterato un accordo con simmetrica figurazione ritmica (terzinata sincopata) che friziona, incastrandosi perfettamente, il ciclo di 11/8 con le sue 16 ripetizioni (con le ultime sei riprese dalla frase ascendente dei fiati) andandosi ad adagiare con il susseguente ciclo del riff (2'27"): notevole. Si prosegue così fino a circa quattro minuti e mezzo, a 4'49" ripresa del tema. A 5'44" repentino innesto della parte C del tema che è raddoppiato in velocità e con serrato ritmo di batteria, replicato e usato come ponte per una nuova sezione della suite che principia a 6' con l'ingresso in scena del flauto; nuovo riff, poi contrappuntato sempre più intensamente. A 7'20" emerge anche una frazione del tema che s'incrocia con le melodie, facendo ancor più proliferare un eccezionale tessuto polifonico degno della musica rinascimentale ma con un linguaggio jazzy. Ancora cambio sezione a 8'00", break di piano elettrico, riprendendo un brano che avevano già presentato dal vivo con il titolo di *Mousetraps*, diventa la base modale *(per il concetto modale/tonale vedere Appendice)* in 9/8 per un lirico assolo di sax. Dopo un po' si sovrappone l'organo di Ratledge, l'assolo diventa il suo, più vorticoso e acido: intrigante. A 12'03" ancora irruzione di una diversa porzione della suite (sembra un edit): esposizione della lenta e liquida melodia di *Noisette* (altro brano già presentato dal vivo), ammaliante perché cantabile ma un po' ineffabile, per la sua metrica irregolare (si avvicendano misure irregolari: 13/4 - 9/4 - 13/4 - 10/4 – 9/4). A 12'44" si scioglie in una elegantissima sezione in 4/4 con molti e impegnativi cambi di accordi (basata su *Backwards*) sui quali Dean improvvisa un bellissimo solo, questa volta con il sax soprano. A 16' cambio di tempo e ritmico, tutto più serrato con basso e batteria come in accelerando a incalzare l'urgente divenire, fino alla violenta frenata (17'31") per il gran finale. Tutti all'unisono per la ripresa del tema di *Noisette* e fulminea chiusura.

Il primo lato del secondo LP è occupato dalla suite di Wyatt, **Moon in June**. È l'unico brano cantato di *Third*, l'ultimo dei Soft Machine, d'altra parte Ratledge e Hopper si stavano orientando sempre più verso la musica pura, quella più "seria"... Ed è la suite che rappresenta il legame con il loro passato, perché la prima metà è cantata e suonata solo da Wyatt (Ratledge e Hopper si aggiungono dopo), e mantiene un po' di quel carattere spigliato, ma non scherzoso e leggero, che aveva caratterizzato alcuni brani precedenti. Peraltro ci sono disseminate reminiscenze di alcuni pezzi già nel repertorio, quella più manifesta è a 9'25" ed è la trasposizione strumentale di *You Don't Remember* (del 1967).

Moon In June è antitesi delle altre composizioni di *Third*: la prima metà è mobilissima, centrifuga, le altre ripiegano in se stesse, centripete, scavano a fondo per trovare la loro strada... La poetica sviluppata da Wyatt in questo brano rimane comunque uno dei momenti culminanti del Rock. Wyatt realizza una composizione che va oltre ciò che fino allora si era ascoltato. Dopo la parte cantata, estremamente ricca di motivi melodici alquanto jazzistici che si susseguono senza le convenzionali ripetizioni, donando una forma complessa e sfuggente, c'è la seconda strumentale, tirata, dura, con suoni e suonato di altro stampo. Dunque la macrostruttura di uno dei brani più famosi del Rock più aulico, è da intendersi comodamente suddivisa in quattro parti:

1. la prima, quella cantata fino al nono minuto;
2. la seconda, quella della "fuga" strumentale con l'assolo di organo fino a 13'50";
3. la terza, quella pacata con arpeggi e motivi fino a 14'42";
4. infine la quarta, quella sospesa-rumoristica con l'alienato assolo di violino.

La parte più complicata e per certi versi critica, nel senso di coerenza connettiva tra i vari segmenti che la compongono, è quella cantata. È un riuscito pastiche tra molti pezzi differenti che Wyatt ha cucito tra loro. Fino al segmento dell'assolo di organo (che inizia a 3'36" e termina a 4'16"), compreso, è tutto eccellente, dopo meno, le parti sono più convenzionali e meno coese tra loro.
A velocità media con un ritmo semplice ma serrato, principia il

brano che, dopo la prima battuta, si inerpica tra ampi archi melodici, sottolineati dalle tastiere: a sinistra l'organo a destra il pulsare del piano elettrico (a mo' di basso), giungendo a 39" a una sezione in 11/4 con frase melodica ascendente ancora più scoscesa, per poi sciogliersi in un canto lineare (seppur ancora con differenti misure dispari), per giungere a un cantabile assolo di basso elettrico (1'27") sul registro più alto.

Riprende una differente melodia cantata a 2'03", e a 3'17" altra mini sezione con l'organo sempre più protagonista, arrivando a compiere un assolo. Alla sua conclusione (4'16") il carattere del pezzo varia un po', la batteria che fino allora era serrata, seppur discreta, si distende, i motivi si frammentano e divengono più usuali, come le modulazioni armoniche... a circa otto minuti, si riacquistano brillantezza e incisività, giungendo in bellezza al termine di questa sezione: è il prodromo del cambio di scenario. Sospensione su una nota, rulli di batteria, il basso distorto di Hopper, tastiere, tema di *You Don't Remember*; break di basso e via una grande galoppata (terzinata), con un altro ragguardevolissimo assolo di Ratledge all'organo (modale su due accordi) sostenuto benissimo dalla ritmica (dopo un po' anche la voce a disegnare brevemente un motivo di sostegno). A 12'45" basso e batteria compiono un poco evidente ma virtuosistico obbligato suddividendo la veloce pulsazione in modi diversi dando l'impressione di un asimmetrico incedere per poi rilanciarsi nella galoppata; trascinante. Si ripete e prosegue con variazioni per un po' fino a una controllata disgregazione sonora che si risolve a 13'50" con degli arpeggi: la terza parte della suite che è una breve transizione per giungere all'ultima, quella più astratta, aliena...

Rapido ostinato di piano elettrico su un accordo e glissati in bassa frequenza dal fondo dello scenario, suoni di batteria sparsi, irrompe un assolo di violino del tutto manipolato, e ancora in accumulo suoni e timbri distorti, voce di Wyatt, il violino si dissolve... Lentamente, con questo inquietante paesaggio sonoro, termina questo episodio della saga di *Third*; e in assoluto la carriera cantata dei Soft Machine.

Ancor più lentamente principia **Out-Bloody-Rageous**, ed è un brano diviso in cinque parti: la *I, III* e *V* sono marcatamente mutuate dal minimalismo di Terry Riley, e realizzate esclusivamente con manipolazioni di *loop* su nastro di suoni prevalentemente di tastiere. Le altre due parti (*II, IV*) sono eseguite con il gruppo.
Out-Bloody-Rageous è un super brano la cui essenza costitutiva è data da un intreccio di molti motivi e temi melodici con ritmi com-

plicati, slittamenti di velocità e metri, e assoli. Ricco polifonicamente e timbricamente ma con pochissimi accordi. Di carattere essenzialmente jazz ma permeato da importanti caratteristiche Rock (ritmica e timbri); moderno, eccezionale.

La *parte I* è costituita da cinque minuti di una densa trama sonora interamente generata da alterati suoni tratti da minime frasette melodiche di tastiere, soprattutto riprodotte all'inverso; vortice minimalista di suoni sovrapposti e confusi in un groviglio di loop ed edit di quasi cinque minuti. L'accumulo di queste parti, tramite le varie aggiunzioni che si succedono e proliferano, offre un fascinoso scenario, un ambiente onirico, sospeso (l'armonia percepita, anche mediante una nota persistente in bassa tessitura, è DO sus4/7). Su questo galleggiamento sonico a 4'55" un pianoforte suona una breve frase che sarà il lancio per l'entrata del basso (che la riprende, variandola appena, e facendola divenire un riff) e della batteria, iniziando in questo modo la *parte II*.

La cellula motivica è proporzionatamente suddivisa in 15 micro frazioni, pertanto la si può intendere nel metro di un velocissimo 15/8 (circa 440 bpm); tuttavia i raggruppamenti ritmici dei vari strumenti si differenziano, andando notevolmente a stratificare il divenire del tempo (polimetrico).

Sezione A (5'06"), il riff del basso dispone le 15 micro frazioni in 6-2-7/6-3-3-3-3 mentre la batteria raggruma più linearmente 3-3-3-2-2-2; *sezione B,* (5'15") cambio note del riff e ritmo, seguito stavolta dalla batteria: 2-2-2-1-2-1-2-1-1-1. Su questi s'innestano i serrati temi esposti dai fiati in armonia. La *sezione C* (5'37") ha un tema diverso ma stessa sequenza delle note del riff B (qui doppiato anche dal pianoforte) e quindi della ripartizione ritmica della batteria. Segue ripetizione della struttura con mini *appendice D*

(5'37") in obbligato ritmico di tutti in 18/8 (3-3-3-3-3-3) che funge da lancio per il lungo solo di organo. Va sottolineato l'approccio organistico di Mike Ratledge: è hendrixianamente rumorista-psichedelico, dotato di un vorticoso approccio solistico memore dello stile di John Coltrane. L'organo pertanto s'invola sulla ritmica (basso e batteria) che l'accompagna come al solito magnificamente: Hopper e Wyatt precisi e grintosi, ma anche flessibili e affatto non prevedibili. Essi adottano la suddivisione (del metro base 15/8) di Wyatt per la sezione A, ossia 3-3-3-2-2-2; l'effetto percepito è di 3 raggruppamenti + altri 3 ulteriormente rapidi, dunque un proporzionale e continuo andamento oscillante di 3/4 + 3/4 di accelerazione-decelerazione: il primo con terzinata pulsazione interna (e quindi 9) e il secondo esternazione del raggruppamento di 2 ottavi terzinati (perciò 6). L'assolo si svolge basilarmente sull'armonia di un accordo minore poi traslato di un semitono (accordi suonati da un pianoforte), simile al celebre *So What* di Davis (verso il termine del solo a 9'22" i fiati intervengono a mo' di risposta come nel brano del trombettista).

A 9'59" nuova frase tematica dei fiati che fa da suggello a questa *parte II* della suite; improvviso break a 9'54", s'innestano i loop di tastiere, comincia la breve **parte III**: del tutto simile a una porzione della I, è una transizione di meno di un minuto che fa da ponte per la **parte IV**: tastiere in dissolvenza a 10'26" entrano due pianoforti che espongono il riff principale (quello presentato a 4'55" in 15/8) in contrappunto, dimezzato in velocità. A 10'45" due fiati (trombone di Nick Evans e sax contralto) frammentano il riff, il piano armonizza con accordi; dura sin troppo poco... a 11'04" entra il basso, accordi di organo col wha-wha, note legate del sax, preparandosi per l'assolo, a 11'09" il piano raddoppia il minimale riff del basso (DO-SOL ripetute), il tempo è 5/8. Elton Dean sembra attendere... La coesione con le *parti I* e *III* si sta manifestando: pochissime note e suoni che si sovrappongono, intessendo una bellissima trama; manca la batteria... Però ecco che a 11'13" Wyatt fa il suo ingresso, solo con il piatto ride, ed è straordinario: suona su questo 5/8 uno scioltissimo valzer-swing, un 3/4 terzinandolo a mo' di shuffle (con rimshot e lo stesso piatto); poi addirittura velocissimi rulli sui tamburi (11'53"). Wyatt impone una divisione di 3 (terzinato) su 5, solo Tony Williams era capace di tanto... Intanto Dean svolge il suo notevole assolo riferendosi al tempo ternario di Wyatt, che però lo abbandona intorno al tredicesimo minuto, contemporaneamente anche Hopper varia, Dean si sintonizza, note più lunghe e acute; a 13'22", sullo sfondo, motivetto dei fiati che iterano ogni tre misure (del 5/8), a 14"15, terminato l'assolo, Dean si unisce all'armonizzazione del motivetto dei fiati, che si arricchisce un poco; il piano marca il 5/8 con accordi, il ritmo si intensifica, i fiati espongono dei motivi che si susseguono ma che si che va a concludere questa *parte IV*, non prima di aver sottilmente raddoppiato la velocità (14'53"), ristabilendo (all'incirca) quella originale per alcune reiterate frasi insieme, che spingono così ancor più con urgenza verso il termine della sezione, dirigendo l'intero *Third* al suo climax definitivo, alla conclusiva nota DO marcata dal *fuzz-bass* di Hopper.

(15'50") **Parte V**: Lentamente emergono, dalla dissolvenza della nota in bassa frequenza tenuta dell'organo, le micro cellule melodiche del piano registrate in loop (stavolta non riprodotte al contrario), che continuamente alternano, sovrapponendosi, vari cicli, da 4 a 7 (i droni iniziano con ciclo di 6 a destra e 7 a sinistra), formando un tessuto sonico di notevole fascino, uno scenario sonoro che ci scorre "davanti agli occhi" per circa tre minuti.

La musica di *Third* si avvicina a quella totale, impeto e timbrica satura Rock, attitudine e linguaggio improvvisativo jazz, rigore strutturale della musica colta; sublimazione di turbinose variazioni sul tema strutturate analiticamente secondo una meticolosa ingegneria musicale che agisce continuamente con simmetrie, sviluppi e rapporti tra le parti dei vari strumenti, le loro peculiarità e potenzialità tecniche e timbriche, insieme con una tecnica esecutiva ai vertici; in quei tempi, oltre al già citato Zappa, solo i Magma stavano mostrando così tanta perizia compositiva-esecutiva.

Third segna il definitivo passo in avanti dei Soft Machine rispetto alla musica degli esordi, abbracciando definitivamente le forme e gli strumenti del Jazz. Sofisticato e ambizioso, ma non eccessivo o autoindulgente, la portata delle intuizioni di questa opera è enorme: tale creativa fusione tra Jazz e Rock influenzerà, tanto e subito, moltissima musica strumentale ventura di qualità.

In seno al gruppo, Elton Dean e la sua passione per il jazz sta divenendo sempre più influente, Hopper e Ratledge lo apprezzano molto, a discapito di Wyatt, ancorato alla musica meno strumentale e più briosa dei primi tempi: sarà messo all'angolo, sarà solo il gran batterista per il quarto episodio della saga Soft Machine. Per lui l'ultimo.

La cosa strana è che Wyatt, nel frattempo, aveva registrato (e pubblicato sul finire del 1970) il suo primo disco solista, *The End Of An Ear*. Ed è un'opera del tutto sperimentale, senza melodie e assoli (convenzionali), in sostanza strumentale ove la voce, spesso alterata elettronicamente, è usata esclusivamente come uno strumento, senza alcuna parola. Improvvisazioni e destrutturazioni, o comunque anti schematismo a priori, sono le parole chiave. Questo disco è decisamente virato su quel lato del Jazz iper modale, avanguardistico-free/rumoristico (Sun Ra tanto per avere un vago riferimento), del tutto costituito dall'esito di una ragguardevole ricerca di coniugazione tra la voce, gli strumenti acustici (pianoforte, contrabbasso e fiati), la ritmica batteristica e l'alterazione elettronica dei suoni per ottenere ritmi ed effetti alienanti (con echi e soprattutto manipolazione nastri: variazioni di velocità e reverse).

Specie di mescolanza tra i venturi sperimentalismi orchestrali dei Centipede di Keith Tippett e alcuni brani dei dischi immediatamente seguenti dei SM (*IV*, *V* e *VI*), *The End Of An Ear* non ha legami con *Moon In June*, e nemmeno con i precedenti SM, è un'originale espressione musicale che non ha avuto seguito nemmeno nella carriera di Wyatt. Straordinario.

FOURTH

1971

Fourth

1) Teeth – 9:15
2) Kings and Queens – 5:02
3) Fletcher's Blemish – 4:35
4) Virtually Part 1 – 5:16
5) Virtually Part 2 – 7:09
6) Virtually Part 3 – 4:33
7) Virtually Part 4 – 3:23

Tutti i brani scritti da Hugh Hopper tranne 1 (Mike Ratledge) e 3 (Elton Dean)

Hugh Hopper – *basso*
Mike Ratledge – *organo Lowrey, piano Wurlitzer*
Robert Wyatt – *batteria*
Elton Dean – *sassofono contralto, saxello*

Musicisti aggiuntivi:
Roy Babbington – *contrabbasso (1, 3, 4, 6)*
Mark Charig – *cornetta (2, 3, 4)*
Nick Evans – *trombone (1, 2, 4)*
Jimmy Hastings – *flauto (6), clarinetto (1, 6)*
Alan Skidmore – *sassofono tenore (1, 6)*

Registrato presso gli Olympic Studios (Londra) tra Ottobre e Novembre 1970
Prodotto da Soft Machine
Etichetta originale: CBS
Pubblicato nel Febbraio 1971

Versione dell'album oggetto dell'ascolto:
CD - COL 473003-2 (Europa)

Dopo solo nove mesi dalla pubblicazione di *Third* arriva **Fourth** (4 sulla copertina), che segna il rapido compimento di una spettacolare metamorfosi: da fantasioso e moderno gruppo Rock a fantasioso e moderno gruppo jazz; il *Volume 2* e *Third* sono delle meravigliose ibridazioni tra questi due poli. Quindi i SM, caso unico, non hanno solo contaminato, più o meno fortemente, la loro musica Rock con il genere Jazz (come altri grandi gruppi dell'epoca, in special modo i King Crimson del biennio '73-'74), sono mutati in gruppo jazz (con screziature Rock). (Da sottolineare anche che non c'è mai stato un gruppo jazz trasformato in rock, caso limite i Crusaders convertiti in un gruppo Fusion). D'altra parte il disco solista di Joe Zawinul del '70, *Mwandishi* di Herbie Hancock, e soprattutto i Weather Report e Mahavishnu Orchestra, ossia i giganti del più compiuto e maturo Jazz-Rock successivi alla comparsa dei Lifetime di Tony Williams e il Davis di *Bitches Brew* (tutti provenienti dalla riva jazz), non erano ancora giunti.

Questo quarto disco, registrato nell'autunno del 1970 e pubblicato nel febbraio '71, ha qualche elemento residuale rock (alcune saturazioni timbriche e wha-wha), tuttavia sono assenti le profonde alterazioni e i trattamenti delle composizioni per mezzo delle tecnologie dello studio di registrazione, e i plastici ritmi binari. Quattro brani di cui uno occupante l'intero secondo lato dell'originale 33 giri, diviso in quattro "quadri". Ratledge, Hopper e Dean gli autori senza l'apporto di Wyatt; Hopper con la sua vocazione per gli ostinati e bordoni (musicali) è quello che in maggior misura rammenta la precedente produzione, peraltro quantitativamente è quello più presente. Ma il capolavoro è **Teeth** di Ratledge, che apre il disco; peraltro è il brano più complesso del catalogo dei

SM... *Teeth* è basato principalmente su una pletora di motivi e temi melodici che si avvicendano e talvolta sovrappongono, pochi accordi che spostano a blocchi lo spazio armonico di riferimento, e molte (seppur non complicate) modulazioni ritmico-metriche a base ternaria che offrono un andamento temporale al brano molto dinamico. Esse si svolgono su una pulsazione basilare (circa 122 bpm) tenuta a costante riferimento per oltre metà brano, che offre una sotterranea coesione a tutto; in sostanza la pulsazione è frazionata e distribuita a volte in modo binario altre ternario. Considerando i Soft Machine, ad inizio brano, subito una sorpresa: irrompe un contrabbasso; è assente una lenta *Intro*, magari fortemente iterativa e lunga come avevano abituato gli ascoltatori. Invece si entra nel vivo della loro mutazione genetica tramite obbligati asimmetrici di domanda/risposta tra il sax contralto e il resto del gruppo. Si va avanti così con *stop and go*, frasi raddoppiate di piano elettrico e break, accenni di presa di ritmo e motivo melodico (1'05"). Poi, finalmente, la tensione accumulata da queste fenditure nel fluire, si discioglie nel tempo di 3/4, suddiviso a ottavi (pertanto 6/8 "dritti"), e assolo di Dean su una base modale ma rapidamente variante. Tutti, compreso Wyatt, accompagnano il gran solo di Dean, come consumati jazzisti... A 3'10" break ancora con la frase del contrabbasso (doppiato) con la quale era iniziato il pezzo, reiterata più volte di seguito. Inizia una diversa sezione, sospesa come tempo, con la batteria che fraseggia liberamente mentre sale uno ieratico tema in unisono fiati/organo; si aggiunge il basso distorto di Hopper in una specie di contrappunto: anticipa il grande Miroslav Vitous dei Weather Report. Poi a 4'01" frasetta a canone tra fiati/organo replicata più volte sempre in 3/4 ma con scansione in terzine di ottavi (perciò si contano 9 eventi nello stesso segmento temporale di prima: dà il senso di un'accelerazione), che funge da ponte per l'avvio del segmento successivo che giunge appena dopo che, a 4'20", Hopper e Wyatt si sintonizzano insieme con il 3/4 terzinato del motivo; piccola variazione a 4'26", con il piano che cita *Blue Rondò a la Turk* di Dave Brubeck. Ancora la frase-ponticello del contrabbasso per nuova parte (4'38"): dieci serrate misure in 3/8 della ritmica con breve ma bel tema un po' sincopato in obbligato. Stop, cambio accordo, sospensione... S'innesta altro tema armonizzato dai fiati, questa volta più cantabile, arioso in 6/8, varia dopo poco, con 3/4 terzinato e una melodia modale su dei lenti cambi di accordi; a 6'02" assolo di organo sui cambi di armonie con i fiati che interloquiscono, e a 6'29" si intensifica il tutto, basso e batteria, aumenta la velocità, Ratledge più irruente, e i fiati spingono con belle frasi in sezione sempre più frequenti e sempre variate: trascinante. A 8'01" colpo di rullante, note lunghe, fine assolo; siamo arrivati alla *Coda*. Tutti a suonare in un caos controllato per circa un minuto, segue una dolce dissolvenza, fino alla solitudine delle lamentose armoniche realizzate da Babbington con l'archetto sul suo contrabbasso.

Kings and Queens

Tremolanti accordi di Ratledge, s'insinuano quattro note di basso che ampliano lo spazio sonoro, la batteria che fraseggia, tempo lento e quieto in 3/4; largo tema esposto dai fiati, che placidamente si sviluppa su un solo accordo REm (add9). A 1'26" parte B, cambio di armonia (SIm) e tema, l'umore un po' più grigio, si aggiungono saturazioni in bassa frequenza, fiati gorgoglianti... Segue la ripresa della parte A con un ispirato assolo di Dean al saxello, lirico e appassionato, che si dipana sulla semplicissima struttura che avvicenda le due aree armoniche, traslando così lo spazio sonoro *(per il concetto di traslazione-rotazione vedere Appendice)*. A 3'58" ripresa del tema (appena variato) della parte A, disegnando morbidamente la parabola di chiusura del pezzo.

Dal vivo in Norvegia (Henie Onstad Arts Centre, 1971)

Fletcher' Blemish

Contrabbasso con l'archetto e piatti di batteria, a 29" angolare tema esposto da sax/fuzz bass/cornetta, poi si separano tutti, e il grado di tensione aumenta; a 1'24" ancora un breve obbligato che ricompatta, segue una fase ancor più *free*. Dean intorno al secondo minuto sembra tenti, per mezzo di un richiamo, di farsi seguire, in effetti, a 2'26" ancora un riallineamento tematico. Ma poi ognuno per sé, e su una nota fissa del *fuzz bass* sale ancor di più la temperatura della scissione nucleare. Scisma che permane fino a 4'01" per l'ultimo ricompattamento con ancora differente frase assieme; e conseguente ultimo, breve, disgregamento.

Dal vivo in Norvegia (Henie Onstad Arts Centre, 1971)

Virtually Part 1

Accordo SOLm, sospensione, risponde il contrabbasso; poi sezione fiati con il trombone in evidenza, rapidi ma frastagliati colpi sui piatti della batteria. Prende corpo il tempo, asimmetrico e affatto dispari, veloce micro pulsazione in 14/16 (7/8) con accenti 3+11/16. Si succedono e sovrappongono mini interventi melodici ora di questo ora di quello (area armonia SOLm *eolio*), sullo sfondo il contrabbasso in assolo, fino a un calo di tutto... Ripresa, si continua fino a 3'30" ove qualcosa varia, ma poco; si rimane così, intensificandosi, ma fino alla **Part 2** nulla accade davvero... Ecco la frattura, break, organo e fiati stentorei, tre note e attraggono su di loro il peso delle basse frequenze; bassi e tamburi precipitano su di loro, che continuano, in uno stretto canone, a inseguirsi a imitazione nel salmodiare le note di un'intrecciante lunga scalare melodia, che nel frattempo è traslata e ruotata nell'area modale di LA *locrio*. A 3'37" senza soluzione di continuità riprende il pulsare del SOL *eolio* della *Part 1* leggermente variato: 3+3+8/16. Segue un assolo di saxello che inizia cantabile, però rapidamente irruvidisce il suo intervento, si inasprisce; tuttavia si ridistende poco prima del termine (7'00") di questa *Part 2*, che avviene con un breve frase ascendente all'unisono di organo e altri fiati.

Virtually Part 3 principia senza soluzione di continuità: per circa venti secondi sono usati spezzoni di nastro manipolati e riprodotti al contrario, rumori e sax alla LaMonte Young; è una doppia transizione. Seguono note (tastiere, basso, contrabbasso con archetto e sax) dell'area armonica di LA *dorico*. A 1'56" irrompe il basso distorto ed è l'avvio di un ellittico assolo, poi si aggiunge il contralto, in una sorta di contrappunto libero per un paio di minuti... Atmosfera strana, come immersi in ambienti senza il necessario ossigeno, un po' in apnea, sott'acqua o nello spazio, che s'insinua senza pausa nella **Virtually Part 4**. Anche qui sospensione, motivetto prima accennato dalle tastiere, poi ripreso per intero e reiterato continuamente dal sax (in 7/8), in una sorta di analogico drone, mentre il basso pulito e suonato col plettro, felpata entra la batteria, micro suoni in *reverse* (piatti). Il sax insiste con il drone distendendolo in 7/4 con pause e alcune note in coda, e così, con una dissolvenza un po' brusca, termina *Fourth*.

Quest'opera è calibratissima pure nelle sue caratteristiche più connotative, d'immediata e brutale sintesi di superficie: il primo lato costituito da un brano complicato e incalzante, uno placido e lento, l'ultimo asserragliato in una speciale struttura di caotica libertà iper vigilata. Il secondo lato comprende, in modo molto più tenue e quindi più omogeneo, tutte e tre quelle peculiarità.

Dal vivo in Norvegia (Henie Onstad Arts Centre, 1971)

Fourth è ricchissimo, sofisticato e fluido, originale ma non stravagante, giacché in un alveo di genere e stile ben preciso e senza bizzarrie sonore e formali, va ben oltre la stragrande maggioranza dei dischi jazz; magnifico.

L'esplorazione degli spazi musicali mediante sonorità derivanti anche dall'adozione di strumenti acustici come alcuni fiati e il contrabbasso (e senza il cantato), linee melodiche con pochissimi accordi, pertanto più polifonia che armonia, adozione della modalità e non della tonalità, strutture e forme particolari con abbondante improvvisazione, portano inesorabilmente molto lontani dal Rock.

Le coordinate sono il Jazz modale anni Sessanta di John Coltrane e quello appresso (Chick Corea, Joe Zawinul, John McLaughlin, oltre al solito Miles Davis dell'ultimo scorcio dei Sessanta), evitando il plastico swing con *walkin'bass*.

Wyatt, seppur batterista fuoriclasse, non era più gradito, le sue insofferenze nei confronti del gruppo e i suoi atteggiamenti personali furono ritenuti intollerabili; dal canto suo nel 1972 Wyatt diede vita, con altri ottimi musicisti, al gruppo Matching Mole, con il quale registrò nel corso dello stesso anno due ottimi dischi (con relativi concerti) di musica *crossover,* meno incline al Jazz, ma per alcuni aspetti ancor più moderna di quella dei SM, giacché meno austera nei confronti del Rock, quindi più spaziosa. Purtroppo nel giugno del 1973 Wyatt ebbe un gravissimo incidente, che lo costrinse sulla sedia a rotelle ed ad interrompere la propria carriera di batterista.

Proprio con i Matching Mole stava ulteriormente ampliando il suo già grandissimo spettro di puro strumentista: batterista meno jazzy acconciato e meno rocker scarmigliato, meno sperimentale come elaborazione suoni, meno complicati reticoli ritmici con virtuosi obbligati e metri, e più un'equilibratissima posizione intorno a questi estremi con uno stile di combinazione di questi elementi che per l'epoca era inusitato.

In ogni caso, a prescindere dallo stile adottato, Wyatt risultava sempre precisissimo, dinamico e fantasioso, con gran musicalità e misura: nella storia musicale il batterista-compositore ha dimostrato una speciale interazione nei brani, come se comprendesse meglio il suonato degli altri strumentisti e le composizioni stesse (anche se non ne era l'autore), quindi evidenziando e apportando maggiore sensibilità e inventiva dei colleghi non compositori, redigendo così pagine fondamentali del loro strumento; e Wyatt non fa eccezione a questa "regola" di massima. Una grave perdita per il batterismo mondiale.

Riprese la sua attività artistica nel 1974 registrando un capolavoro musicale chiamato *Rock Bottom*.

FIFTH

1972

Fifth

1) All White – 6:06 *(Ratledge)*
2) Drop – 7:42 *(Ratledge)*
3) M C – 4:57 *(Hopper)*
4) As If – 8:02 *(Ratledge)*
5) L B O – 1:54 *(Marshall)*
6) Pigling Bland – 4:24 *(Ratledge)*
7) Bone – 3:29 *(Dean)*

Mike Ratledge - *piano elettrico, organo*
Hugh Hopper - *basso elettrico*
Elton Dean - *sassofono contralto, saxello, piano elettrico*
Phil Howard – *batteria (tracce 1-3)*
John Marshall - *batteria (tracce 4-7)*

Musicisti aggiuntivi:
Roy Babbington – *contrabbasso (tracce 4-7)*

Registrato presso gli Advision Studios (Londra) - Novembre 1971-Febbraio 1972
Prodotto dai Soft Machine
Etichetta originale: CBS
Pubblicato nel Luglio 1972

Versione dell'album oggetto dell'ascolto:
CD - COL 473002 2 *(Francia)*

Al posto del grande Wyatt vennero reclutati Phil Howard e John Marshall (proveniente dal notevole gruppo Jazz-Rock dei Nucleus di Ian Carr e Karl Jenkins), che si alternarono sullo sgabello per il quinto disco dei SM. Elton Dean ormai in pianta stabile nel gruppo, con l'appoggio esterno di Babbington al contrabbasso, licenziati gli altri fiati. Il primo lato di **Fifth** (5 sulla copertina) ha le composizioni in quartetto con Howard, il secondo lato brani con Marshall e Babbington.

Fifth ha un assetto più asciutto e compatto delle opere precedenti, è notevolmente virato sulla profonda elaborazione dei pochi contenuti che possiede, piuttosto che affastellarne e gestirne la complessa organizzazione come finora accaduto nei SM. Pertanto più variazioni tematiche e improvvisazioni, astrazioni e sospensioni che temi armonizzati, contrappunti, metriche e ritmi complicati e soluzioni strutturali. Più Jazz, più americano, meno scritto e classicamente europeo; con il loro stile, s'intende... Ormai i SM sono un gruppo di punta della musica strumentale mondiale insieme con la neonata Mahavishnu Orchestra, si dividono i favori del pubblico, essendo anche alquanto differenti stilisticamente. Tuttavia, nel frattempo, un altro gruppo appena nato, i Weather Report, a loro più affine, stavano pubblicando il secondo disco, capolavoro della loro prima fase: *I Sing The Body*

John Marshall

Electric.

I Soft Machine con Phil Howard alla batteria

All White

Dopo due secondi, due strumenti (basso e saxello) e due cose nuove: una ragguardevole profondità di ambienza (riverbero ed eco) e un fraseggiare arabico.[2] Confermate nei seguenti due minuti, nei quali, sopra un bordone di nota MI suonata dal basso filtrato di Hopper, Dean continua ad arabescare dondolii etnici fuori dal comune (la scala usata è particolare ed è una variante del sesto modo della scala ungherese maggiore), immerso in un ambiente tridimensionale. Intorno a 1'40" emerge la batteria che suona un ritmo aperto, frastagliato, dopo una decina di secondi la segue, anzi, la tiene al guinzaglio

---

[2] Corrisponde alla scala **Bhavapriya** del quarantaquattresimo Mela (dei settantadue elaborati intorno al 1620 da Venkatamakhin). Ciò considerando che la rappresentazione intervallatica della scala eptatonica è approssimata giacché lo speciale sistema musicale indiano, segnatamente quello carnatico del sud, ha la divisione dell'ottava non in 12 semitoni ma in 22 microtoni (peraltro non aritmeticamente definiti).

Ratledge con rapida sequenza accordale col piano elettrico che definisce ritmo e metro del pezzo, dispari, un sincopato 7/8. A sua volta Hopper si sintonizza ed esegue un arpeggio di MIsus (add9), offrendo così un'area armonica appena più precisa. Il profilo ritmico è particolare poiché ha cinque pacchetti d'impulsi determinati da micro strutturazioni interne di sedicesimi di 3+3+3+2+3, che ne aumentano la caratteristica asimmetrica; intanto Dean prosegue il suo assolo, in modo più americano che arabo, tra qualche bella progressione di Ratledge (3'21" e 4'30") e variazione di note di Hopper (4'30" e 5') e che ben caricano il solista fino a 5'25" ove suona un motivetto pentatonico (suggerito e doppiato liberamente dal piano elettrico), prima largo a mo' di richiamo, poi con più note, stretto e rapido, che preconizza palesemente quello famoso di *Boogie Woogie Waltz* dei Weather Report, andandolo subito a concludere e con esso il brano.

Drop

Suoni, rumori, sgocciolamenti; dal buio sporge (13") un accordo tensivo del piano elettrico. Lentamente tutto s'intensifica, echi... A 36" affiorano suoni di piani elettrici messi in loop con nastri manipolati, continua l'incantesimo fino a 2'05": Ratledge non indugia più e suona l'attacco di un motivo pentatonico e discendente, parente alla *Coda* di *All White*, armonizzandolo (in MIm), ma si ferma. Note del basso, risponde il piano elettrico col motivo, e ancora risposta della ritmica, fino a 3'04" quando il basso s'incarica di suonare il motivo che diviene un riff in 7/8, e Ratledge inizia il solo col suo suono di organo, ma ancor più acidulo del solito. A 3'54" piccola variazione armonica con particolare progressione ascendente per toni interi (LAm-SIm-DO#m-RE#m) dal sapore acid jazz di decenni successivi e che si ripeterà periodicamente nel corso del brano. Il solo prosegue, sempre incisivo (però Howard, a differenza del pezzo precedente, arranca) sino alla conclusione, che avviene a 6'45", quando riprende il riff e si decreta l'innesto della sezione finale del brano che tramite una rapida sequenza di accordi modula armonicamente in SI, ove tenendolo, tutti ci girano attorno per poi risolvere ascendendo cromaticamente in DOm (7'01"); anch'esso tenuto e per molto, come nel più convenzionale dei polverosi finali live delle rock band, ma che lentamente sfuma.

Da sin. Hugh Hopper, Elton Dean, John Marshall, Mike Ratledge

M C

Arpeggi di piano elettrico con eco, una nota di basso, batteria con molto riverbero che rulla con spazzole, variamente su piatti e tamburi; tutto si dissolve dopo un minuto circa... riappare con il sax che fraseggia intorno a poche note sul registro medio. A 2'42" il basso cambia timbro e note... tutto ancora sospeso, senza strutture di sostegno. Astratto. A 4' si ritorna sulla nota e timbro di partenza che era l'unico appiglio ove agganciarsi. A 4'45" un colpo al piatto di Howard assorbito poco dopo da un ultimissimo suono di bassa frequenza e dal silenzio.

Elton Dean, Mike Ratledge, Phil Howard e Hugh Hopper

As If

Brevi contorte frasi, alla Ornette Coleman, insieme tra organo e sax; sospensione... Ritmica con felpato incedere e riff un po' sinistro di sole quattro note a media velocità in 11/4 (4+4+3), un ambiente modale particolare (MI *superlocrio*), sostenuto e rafforzato, anche atmosfericamente, in maniera magnifica da tutti, il liquido piano elettrico, il contrabbasso con l'archetto a cavar fuori armonici, la delicata e flessuosa batteria, il sax di Dean che s'inerpica su scale ed estrae suoni espressivamente molto efficaci; poi intorno al quarto minuto del brano, si acquieta e sale al proscenio il contrabbasso di Babbington per un particolare e (lungo) assolo con l'archetto. Bellissimo. Terminato, il gruppo "gira" ancora un po' con l'accompagnamento fino a quando riprende (7'56") la parte del tema colemaniano, che si scioglie in un assolo di batteria...

L B O

Con la soluzione di continuità dello stesso colpo e nota tenuta per qualche secondo di *As If* a 7", L B O è la prosecuzione del buon assolo di batteria di Marshall, che si conclude dopo circa novanta secondi...

Pigling Band

Senza interruzione e in modo estremamente elegante principia questo brano semplice e peculiare (arrangiamento di un pezzo già in repertorio da circa due anni), con una minima sequenza di accordi (DO *dorico* a gradi congiunti) e bellissimo e "sereno" tema insieme basso/saxello (quattro misure in 7/8); poi interamente fondato da circa quattro minuti di assolo di Elton Dean che, sinuoso e melodico, suona a suo agio anche in questi ambienti meno jazz e free; sopra la continua alternanza tra il primo segmento, tonale e senza un marcato ritmo della batteria, e il secondo, modale (LAm) con plastico ritmo di Marshall e notevole lavoro di Hopper. Come accelerazioni e decelerazioni... Nel finale (3'33") una vera accelerazione, raddoppio della velocità, cambio di ritmo e accordi (sempre intorno al LAm), una vera fuga in avanti che, senza riprendere il tema iniziale, impatta nei tamburi di Marshall... Stranamente è stato arrangiato, con le fratture armoniche, ritmi e velocità, da renderlo meno affine e più "vecchio" dell'originale, peraltro accompagnato benissimo da Wyatt, come evidenziato nei bootleg *Live 1970* e *Virtually*.

Elton Dean al piano elettrico

Anche *Pigling Band* si collega con il successivo, **Bone**, con il quale si conclude il disco, senza pausa... Bordone di basso appena gorgogliante ma in continuazione, scrosci di piatti, suoni distanti, lamentosi, piffari mediorientali vagano intorno... entra l'organo saturo e, seppur in maniera differente, espone tutto il tema introduttivo della lunga ed esotica sezione arabeggiante di *All White*, andando a connettersi con la novità di questa edizione dei SM, più eterea, astratta, meno terragna e più lontana.

Il pentagono è chiuso, e da qui in poi qualcosa muterà davvero, la maggior parte della spinta evolutiva del gruppo si esaurisce; tuttavia non del tutto.

SIX

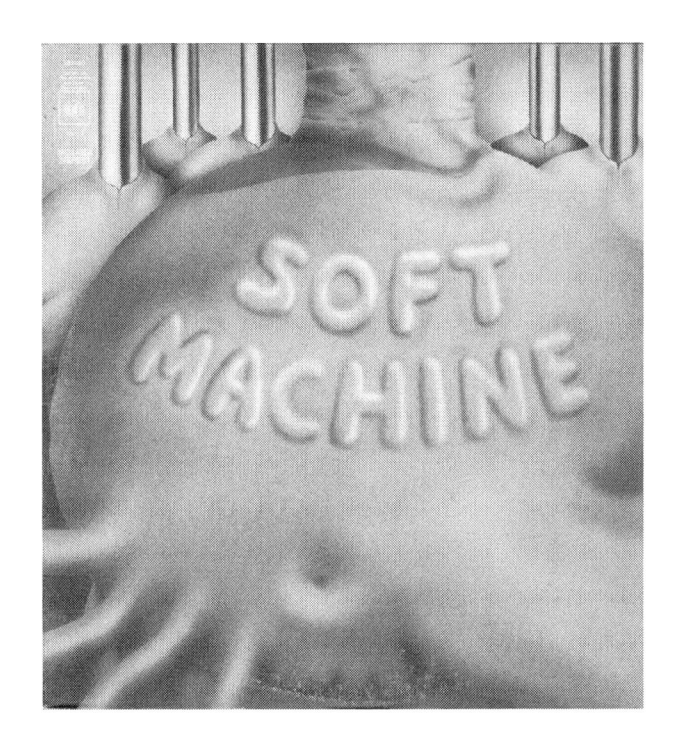

1973

Six

Live Album

1) Fanfare – 0:42 *(Jenkins)*
2) All White – 4:46 *(Ratledge)*
3) Between – 2:24 *(Jenkins, Ratledge)*
4) Riff – 4:36 *(Jenkins)*
5) 37 ½ – 6:51 *(Ratledge)*
6) Gesolreut – 6:17 *(Ratledge)*
7) E.P.V. – 2:47 *(Jenkins)*
8) Lefty – 4:56 *(Hopper, Jenkins, Marshall)*
9) Stumble – 1:42 *(Jenkins)*
10) 5 From 13 (For Phil Seamen with Love & Thanks) – 5:15 *(Marshall)*
11) Riff II – 1:20 *(Jenkins)*

Studio Album

1) The Soft Weed Factor – 11:18 *(Jenkins)*
2) Stanley Stamp's Gibbon Album (for B.O.) – 5:58 *(Marshall)*
3) Chloe and the Pirates – 9:30 *(Ratledge)*
4) 1983 – 7:54 *(Hopper)*

Hugh Hopper - *basso, effetti sonori (in 1983)*
Karl Jenkins - *oboe, sassofono baritono e soprano, piano elettrico, pianoforte, celesta*
John Marshall - *batteria, percussioni*
Mike Ratledge - *organo, pianoforte, piano elettrico, celesta*

Live Album registrato al Dome di Brighton e alla Civic Hall di Guildford, missato agli Advision Studios di Londra tra Ottobre e Novembre 1972. Studio Album registrato e missato ai CBS Studios di Londra tra Novembre e Dicembre 1972. "1983" registrata e missata agli Advision Studios di Londra.

Prodotto dai Soft Machine
Etichetta originale: CBS
Pubblicato nel Febbraio 1973

Versione dell'album oggetto dell'ascolto:
CD – 82876875912 (Europa, 2007)

Dopo *Fifth* i Soft Machine perdono Elton Dean e trovano Karl Jenkins, noto compositore e polistrumentista (oboe, sax baritono e soprano e tastiere), proveniente anche lui, come Marshall, dai Nucleus; di solida formazione accademica e accorto imprenditore di se stesso, influenzerà da qui in poi il corso della storia del gruppo. L'assetto muterà in termini sostanziali, di sonorità e come strategia di *work-in-progress*. I SM fin qui hanno compiuto un enorme lavoro, manifestato una vocazione quasi monacale, di ricerca e sviluppo senza freddi estetismi, con sincero intento di ricognizione di un percorso deviante da quello il cui termine è il ciglio della voragine e, mediante questa creativa elusione che permette di dilatare lo spazio e il tempo, di posporre quello che poi ineluttabilmente accadrà: il declino e la fine.

Il tono generale della loro musica da qui cambierà, ci sarà un irrigidimento di tutti i fattori musicali costituenti: meno improvvisazioni autentiche, senza rete, meno ricerca timbrica, ciò non sarà compensato dalla qualità e complessità delle strutture compositive. Una pletora di motivi e riff, quindi di iterazioni, meno mobilità e flessuosità. Insomma meno fantasia e sorprese, più scenari statici (seppur affascinanti) e routine di grande preparazione e professionalità; con qualche rilevante slancio creativo ed esecutivo.

Six è un disco doppio, diviso a metà, una parte live, registrata (benissimo) durante concerti tenuti nell'autunno del 1972, e contenente nove brani inediti più *All White* (oltre a un assolo di batteria); circa quaranta minuti di musica presentati come una lunghissima suite con un'interruzione soltanto; l'altra parte in studio (tra autunno e inverno). Fu pubblicato nel febbraio 1973.

Karl Jenkins

Il disco si apre con **Fanfare** di Jenkins, una breve e azzeccata introduzione ad **All White**, che però sostituisce quella sospesa ed esotica della versione originale, poi ne ricalca lo svolgimento, con l'improvvisazione di oboe al posto del sax: a livello timbrico da qui in avanti l'oboe e il sax baritono costituiranno elementi distintivi del suono complessivo dei SM.

Questa versione di *All White* più marcata e incisiva si diluisce senza soluzione di continuità jn **Between,** a sua volta etereo prologo dei piani elettrici filtrati di **Riff**. Interamente basato su un riff in FAm7b5 con un ciclo ritmico di 19/8 (6+8+5), dopo poco fraseggiare del piano elettrico, è la base per l'assolo di organo che dura circa quattro minuti; sfocia in **37 1/2**.

Questo è un altro brano fondato su un riff asimmetrico, in questo caso si ritorna nel modo di MIm, con un tempo di 13/8; a 38" è suonato dal sax baritono un motivo che a 55" si distende con cambio armonico in RE, che ripete. Segue il lunghissimo assolo di oboe, con la band che fornisce un supporto un po' statico; intorno al sesto minuto comincia un lento decrescendo di circa un minuto fino al raggiungimento del silenzio. Termina il lato A dell'LP.

Gesolreut è un semplice pezzo funky in SIbm e metro in 6/4 (suonato da Marshall in stile "stretto" *cobhamiano*), con tema esposto un paio di volte insieme da piano elettrico e sax baritono, prima del lungo assolo di piano elettrico filtrato di Jenkins. Ripresa del tema e chiusura.

Segue **E.P.V.**, bel brano di Jenkins, piano elettrico con tremolo, poi sax soprano, basso e batteria, prima sospeso ed etereo con sequenza di accordi e tema lirico; intorno a 1'30" sale di tensione su un accordo e il fraseggiare di tutti, per poi rilassarsi (2'13"), si acquieta riprendendo l'arcadica atmosfera iniziale...

Lefty è un brano alquanto interessante, a nome di tutti, cinque minuti di improvvisazioni totali e molto ben calibrate; in crescendo principia con atmosfera thrilling, con note dissonanti, percussioni, rumori, droni, distorsioni organo e basso, rullate, frasi schizofreniche... diviene sorta di lunghissima introduzione a **Stumble**, breve e alquanto mediocre pezzo di Jenkins: prima un motivo reiterato su cambi di accordi, poi riff esposto insieme da due tastiere e basso; a sua volta è il lancio per il buon assolo di batteria **5 *From* 13** (che peraltro sembra estratto da un'altra esibizione), legato a esso ci sono i 45 secondi di **Riff II** (con il quale il primo disco "Live record" termina): veloce frase costruita sul DO pentatonico sempre reiterata, con una ripartizione progressiva di 7/8 + 8/8 +9/8 che la rende sfuggente; inizia il basso, poi tutti all'unisono.

Hugh Hopper in studio di registrazione

Lo "Studio record" inizia con la lunga **The Soft Weed Factor** (di Jenkins); oltre undici minuti di ambiente modale in SOLm, in cui accade poco: i primi tre minuti sono occupati da una stratificazione di graduale accumulo di mini motivi di piani elettrici, solita strutturazione piramidale: prima col motivetto basilare, in 8/8 (3+2+3), poi un altro di rinforzo con differente ritmo (ma sempre in 8/8), ne segue uno in 3/4, poi un altro in 4/4...: versione semplificata di *Out-Bloody-Rageous*. A 3'18" entra la rimica (basso e batteria) con un ritmo elementare (e riff di note). A 3'35" l'organo e l'oboe espongono un tema che attraversa questa trama per circa un minuto, a contrasto sono usate poche note ma molto tenute (estratte dalla scala SOL *dorico*): è la cima della piramide. Si continua solo con la "base" fino alla riesposizione del tema a 7'35" (pertanto a 8'30" si conclude); poi continua la "base" fino allo stop della ritmica (8'55"), lasciando solo le tastiere, che lentamente invertono il processo iniziale di accumulazione, conservando nell'epilogo solo la tastiera che aveva principiato il brano, che sfuma.

Stanley Stamp's Gibbon Album

Tre parti di pianoforte armonizzate (a canone) nel registro medio-alto suonano incessantemente una frasetta di 5/8; alla terza volta si sovrappone un'altra parte di pianoforte nel registro basso che però traccia un tema su varie misure di 5/8 (doppiata dal piatto di Marshall e sullo sfondo da un suono elettrico distorto, forse l'organo). La scala è LA *frigio* ed è parente del primo brano di *Esther's Nose Job*. A 27" una sezione di transizione con break di accordi all'unisono con batteria (dal sapore vagamente "chickcoreano", poi fa il suo ingresso qualche frase dell'organo, e a 39" "solito" semplice riff di basso/pianoforte in 7/8, ritmo di batteria (con sovraincise percussioni) e assolo di organo. Il riff è in LA ma è, come loro consueto, di carattere sospeso, ampio, cioè le note che lo costituiscono (LA-RE-MI-SOL) non consentono di determinare per esempio se ancora modalità frigia (comunque non la contraddicono), lasciando al solista un ancor più estesa possibilità di scelta... il lungo e bel solo continua fino a 3'39" ove tramite un ponte di quattro misure di 4/4 (sembra un edit) di stacchetti sincopati, si plana nel finale a due fiati armonizzati che, affiorando dallo sfondo, riprendono due delle parti (a canone) dei pianoforti iniziali; continuano per circa un minuto prima della loro dissoluzione.

Chloe and the Pirates

La forma è simile al precedente, la macro strutturazione di questo brano è in tre parti, ad arco, la prima e la terza simili, senza ritmica, la seconda con la ritmica e una variante, prima un tema, poi un assolo. Quasi pastorale, tastiere, loop "rovesciati", drone che oscilla rapidamente tra due note (piano elettrico), a 1'17" si sovrappone un tema modale (misolidio) suonato da un sax soprano, ripetuto, poco più avanti (2'17") si sviluppa anche armonicamente, giungendo, con un ponte (2'46"), alla sezione con la ritmica e al buon assolo di sax (3'02") basato armonicamente su LA e SI. Altro segmento di transizione (6'28"); si ritorna a quello iniziale con minime varianti anche tematiche, per poi sfumare (9'20").

1983

Ci pensa quest'ultimo pezzo scritto da Hopper a immettere quote di moderna inquietudine: fondato su un ampio e incessante tema melodico (da 7" a 53") esposto dal basso insieme con il pianoforte nella tessitura bassa, e solo nel finale il tema lascia il posto agli interventi solistici del basso (sono tre simultanei) e molti suoni di contorno: *1983* è eterogeneamente permeato da suoni percussivi, tastiere e dal basso manipolati con saturazioni, tremoli e quant'altro... Questo brano non ha ganci formali, è paradossalmente sempre simile e sempre differente, però rivolta la procedura minimalista: il tema ossessivamente replicato (di carattere uniforme) è molto esteso e sfuggente perché all'interno ha poche ricorsività (pertanto senza mini cellule melodiche che si accumulano e sovrappongono), e i suoni di cornice si presentano e si assentano senza manifesta logica. Parente di *Sysyphus* di Richard Wright (pubblicato in *Ummagamma* dei Pink Floyd), *1983* è realizzato con molta cura e sapienza, un oggetto di forma elementare, come una pietra levigata dal mare ma preziosa come uno smeraldo.

Fatto salvo il modesto brano di Jenkins *The Soft Weed Factor*, ottimo lo "Studio record"; insieme con i brani live *Between*, *E.P.V.* e *Lefty*, Six avrebbe potuto essere un'opera un po' breve ma notevole.

SEVEN

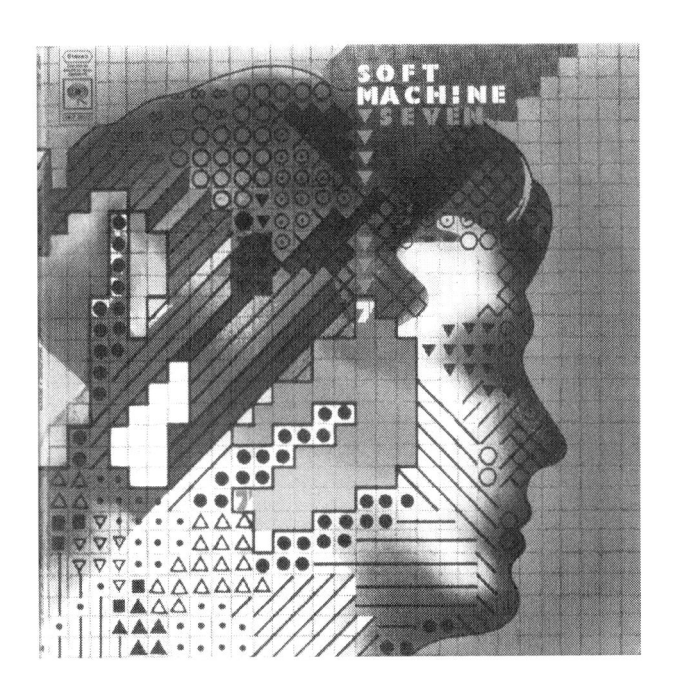

1973

Seven

1) Nettle Bed – 4:47 *(Jenkins)*
2) Carol Ann – 3:48 *(Jenkins)*
3) Day's Eye – 5:05 *(Ratledge)*
4) Bone Fire - 0:32 *(Ratledge)*
5) Tarabos – 4:32 *(Ratledge)*
6) D.I.S. – 3:02 *(Marshall)*
7) Snodland - 1:50 *(Jenkins)*
8) Penny Hitch – 6:40 *(Jenkins)*
9) Block – 4:17 *(Jenkins)*
10) Down the Road – 5:48 *(Jenkins)*
11) The German Lesson – 1:53 *(Ratledge)*
12) The French Lesson – 1:01 *(Jenkins)*

Mike Ratledge - *Lowrey Holiday organo De Luxe, piano elettronico Fender Rhodes, sintetizzatore AKS*
Karl Jenkins - *oboe, sassofono baritono, sassofono soprano, recorder, piano elettronico Fender Rhodes & Hohner*
Roy Babbington - *basso, contrabbasso*
John Marshall - *batteria, percussioni*

Registrato presso i CBS Studios di Londra nel Luglio 1973
Prodotto dai Soft Machine
Etichetta originale: CBS
Pubblicato nell'Ottobre 1973

Versione dell'album oggetto dell'ascolto:
CD - COL 473004-2 *(Europa, 1993)*

Sorprendentemente, dopo pochi mesi dall'uscita di *Six*, a ottobre '73, viene pubblicato il nuovo disco: **Seven**.

Nel frattempo c'è stata la dipartita di Hugh Hopper, l'entrata in pianta stabile di Roy Babbington, e il rafforzamento in seno al gruppo di Karl Jenkins, che diviene il principale compositore di questi nuovi Soft Machine. Se è vero che già da *Fifth* Ratledge era l'unico rimasto dei fondatori, Hopper è stato sin da *Volume Two* il terzo asse portante del gruppo; dunque il danno è serio... Peraltro, come per *Six*, si continua a non avere apporti di musicisti esterni: Soft Machine è un puro quartetto.

Il disco è diviso in ben dodici tracce, tuttavia la maggior parte sono collegate l'una con l'altra: alcune come mini suite, altre, più semplicemente, succedenti senza alcuna pausa. Il suono generale è molto definito e netto, con poca ambienza (riverberazione), poco naturale e alquanto "elettronico"; insomma un po' claustrofobico. Come al solito, *Seven* è suonato impeccabilmente.

Si apre con **Nettle Bed** (di Jenkins), un semplice e simpatico pezzo a tempo sostenuto basato su un riff in SOL *dorico* suonato all'unisono da tastiere e basso, ove l'unica particolarità è nella sua lunghezza e segmentazione: metro di 15/8 (3/8+6/4) interpolato dopo cinque misure da un ponte di quattro (due di 3/4 + due di 4/4), ciò lo rende meno scontato. Poi si sovrappone un motivo suonato con un sintetizzatore (una piccola novità); si continua con un bel solo di Ratledge (sempre col sinth). Riesposizione del motivo melodico e la chiusura all'unisono di tutti.

Segue il brano più notevole del disco: **Carol Ann** (sempre di Jenkins); una elegia arcadica (rammenta un po' le atmosfere dei Caravan), ma peculiare: solo tastiere e basso, dunque del tutto elettrica/elettronica. Di là di questa ragguardevole originalità nel panorama musicale, è una composizione raffinata, ispirata, calibratissima. Una gemma.

Dall'alto John Marshall, Mike Ratledge, Roy Babbington, Karl Jenkins

Si arriva a una mini suite di circa dieci minuti scritta da Ratledge, comprendente tre brani: **Day's Eye / Bone Fire / Tarabos**. *Day's Eye* curiosamente si ricollega a *Carol Ann* giacché la figura del basso è simile (il pezzo rammenta molto il bellissimo *Arjen's Bag* di John McLaughlin): un particolare, lunare, blues in MI. Particolare perché è in 9/8, o meglio, 3/4 + 3/8, ha qualità armoniche differenti (più sospese che tensive) e per la sequenza accordale...

Dopo l'esposizione del tema (sax baritono) grande assolo all'organo saturo di Ratledge; ripresa tema e connessione con il bellissimo pezzo di transizione di soli trenta secondi **Bone Fire**, ma di complessa ingegnerizzazione. Ed è la parte tematica melodica a prevalere su quella ritmico-armonica e strutturale, che pure è notevole: motivo in due battute di 6/4, un lungo tema in sei battute di 11/8 e infine due di 10/8 che riprende un elemento del motivo iniziale; si scioglie in **Tarabos** tramite un accordo di sospensione modulante...

Solito modulo compositivo "soft-machiniano" basato su un semplice (come note) ma lungo riff (18/4) e del tutto asimmetrico come segmentazione interna (3/8 + 3/8 + 2/8 + 13/8 + 15/8); e su questo il persistente solo di tastiere di Ratledge. A 3'41" improvvisamente una sezione *Coda*, introdotta dal motivo in 10/8 di *Bone Fire*, con obbligati ostinati del gruppo (*vamp*) per i veloci fraseggi di Marshall. Segue senza pausa un interessante brano di tre minuti, **D.I.S.**, dello stesso Marshall di sole percussioni e qualche effetto di manipolazione nastri.

Il primo lato si concludeva così, e il secondo si apriva con **Snodland**, il principio di un'altra mini suite (stavolta di Jenkins): circa due minuti di sospensione su una nota bassa tenuta (RE), arpeggi di piano elettrico, suoni acuti di percussioni... si innesta **Penny Hitch**, ove lentamente emerge un breve ostinato di flautati suoni di tastiere in 3/4 (fondato sull'accordo LAmadd4 che estende alla settima e alla nona il RE della fondamentale), s'inserisce un'elementare ritmica in 4/4, dunque fa divenire sfasato l'ostinato di tastiere (che permane) e, a piramide, si sovrappone (2'51") un semplice tema modale del sax baritono/tastiere stop. Modulazione in FA con altro tema (ora anche qualche percussioni), dopo poco slitta in LA, per quasi subito tornare in RE; inizia un lungo e bell'assolo di oboe, in crescendo. Termina a 5'36", altra sezione, semplice, che porta al termine il pezzo, che si salda senza soluzione di continuità con **Block**. Un brano che rimanda a cose alla Zappa di *Hot Rats* e dintorni; rapida ritmica shuffle con tema tastiere/sax, break, tema, e assolo di tastiere. Finale virtuoso, tutti all'unisono per frase lunghissima (12 battute), sapiente (politonale) e complicata (rapida-terzinata- sincopata).

Down the Road

Linearissimo brano a velocità media in 5/4, con riff di basso di una sola misura in SOL, di carattere sospeso, ossia non ha terze (né minore né maggiore), in questo caso ha il doppio appoggio cromatico dalla quinta alla quarta aumentata e ritorno in quinta che offre il sapore tensione/risoluzione; segue improvvisazione un po' "lontana", sullo sfondo, di quello che sembra essere un flauto. A 2'08", ormai inaspettato, un tema oboe/tastiere (simultaneamente il basso è stato sostituito dal sinth); il tema si sviluppa su una lenta progressione di accordi. Poi a 3'09" termina, entra un bellissimo assolo di contrabbasso con l'archetto, che si protrae fino al termine e si fonde con i pezzi **The German Lesson** e **The French Lesson**, che a loro volta sono in pratica uno la continuazione dell'altro: stranamente il primo è attribuito a Ratledge, il secondo a Jenkins.

Le sorprese, le interazioni estemporanee, non ci sono più: tutto è pianificato, organizzato, alquanto freddo; la fantasia e l'inventiva di Wyatt, Hopper e Dean, sono solo un ricordo, le trame dei fiati in sezione pure e, paradossalmente, anche gli interventi di Babbington al contrabbasso che hanno caratterizzato il quarto e quinto disco.

Nel 1973 le stelle del Jazz-Rock, Mahavishnu Orchestra e Weather Report, insieme con i Return To Forever, erano sempre più brillanti, la musica strumentale stava andando in altre direzioni, tutte alquanto più creative, agili e potenti pure in termini d'impatto sonico. Anche i loro parenti più noti e prossimi del ramo Rock, King Crimson e Gong, si stavano evolvendo ulteriormente. Ad ogni modo una piccola sorpresa i SM la riservarono...

BUNDLES

1975

Bundles

1) Hazard Profile Pt. 1 – 9:18 *(Jenkins)*
2) Hazard Profile Pt. 2 (Toccatina) – 2:21 *(Jenkins)*
3) Hazard Profile Pt. 3 – 1:05 *(Jenkins)*
4) Hazard Profile Pt. 4 – 0:46 *(Jenkins)*
5) Hazard Profile Pt. 5 – 5:29 *(Jenkins)*
6) Gone Sailing – 0:59 *(Holdsworth)*
7) Bundles – 3:14 *(Jenkins)*
8) Land of the Bag Snake – 3:35 *(Holdsworth)*
9) The Man Who Waved at Trains – 1:50 *(Ratledge)*
10) Peff – 1:57 *(Ratledge)*
11) Four Gongs Two Drums – 4:09 *(Marshall)*
12) The Floating World – 7:12 *(Jenkins)*

Karl Jenkins - *oboe, pianoforte, piano elettrico, sassofono soprano*
Mike Ratledge - *organo (Lowrey Holiday Deluxe), Fender Rhodes, sintetizzatore*
Allan Holdsworth - *chitarra elettrica, chitarra acustica e chitarra a 12 corde*
Roy Babbington - *basso*
John Marshall - *batteria e percussioni*

Musicisti aggiuntivi:
Ray Warleigh - *flauto alto e flauto basso in The Floating World*

Registrato presso i CBS Studios di Londra nel Luglio 1974
Prodotto dai Soft Machine
Etichetta originale: Harvest
Pubblicato nel Marzo 1975

Versione dell'album oggetto dell'ascolto:
CD – RCA ND 74699 *(Italia)*

Registrato nel 1974, **Bundles** è pubblicato nel febbraio '75. L'ottavo disco dei Soft Machine è stato ed è tuttora un disco sottovalutato. *Bundles* è un disco differente dagli altri dei SM: il preminente inserimento della chitarra elettrica solista, suonata dal grande Allan Holdsworth, è la caratteristica che più lo contraddistingue. Ora sono un quintetto (con aggiunto il flautista Ray Warleigh per un brano).

Sicuramente meno sperimentale, quindi coraggioso dei suoi precedenti, più incline ad appoggiarsi sulle parti solistiche, ha più respiro improvvisativo e meno creatività compositiva. Tuttavia, oltre a sfolgoranti solismi, ha delle parti compositive non irrilevanti, anzi qua e là ragguardevoli...

Innanzitutto è costituito da una lunga suite chiamata ***Hazard***

Profile divisa in cinque parti, e altri brani, alcuni brevi ed episodici altri più corposi anche perché legati fra loro, quasi una seconda suite...

La lunga *Hazard Profile Part One* inizia con un semplicissimo riff di DO minore pentatonico a velocità moderata (il riff è mutuato da *Song for the Bearded Lady* scritta da Jenkins per i Nucleus e pubblicata su *We'll Talk About It Later* del '71), segue un largo motivo di pochissime note tenute, poi una sezione ponte con una frase obbligata in unisono, si sviluppa con un'interessante progressione armonica sopra la quale Holdsworth improvvisa lungamente e in modo eccellente.

Hazard Profile Part Two è un melodico pezzo per pianoforte (che ruota la modalità da DO minore a maggiore traslando in FA) e chitarra classica, che si "scioglie" in *Hazard Profile Part Three*, nel quale rientrano gli altri con il loro carico di elettricità (ma ancora moderata velocità), pezzo che funge da lirica introduzione modulante in SOL ad *Hazard Profile Part Four*.

Ed ecco un semplice e bel tema-riff minore pentatonico che rapidamente ci porta ad *Hazard Profile Part Five*. Quest'ultima sezione della suite si basa su un ragguardevole incremento di velocità e un riff in 7/8 (3/4+1/8) sopra il quale è esposto un interessante tema dalle tastiere/sax soprano; tastiere di Ratledge che in seguito vanno in assolo sullo stesso riff: notevolissimo. Si conclude con una magnifica frase in unisono di tutti lunga 20/4.

Gone Sailing è un breve e singolare episodio di chitarra acustica 12 corde composto da Holdsworth, con il quale all'epoca si concludeva la prima parte del disco (lato A del vinile).

Si riprende con l'omonimo **Bundles** ed è un intrigante susseguirsi di temi, obbligati, ritmi e tempi complessi di base ternaria con scansione ottavi oltre 220 bpm: tutto molto ben amalgamato. Dopo circa un minuto, riff di basso in 9/8 in LAm (modalità frigia desunta dal tema), con la liquida chitarra elettrica che si produce, dopo aver iniziato melodicamente, in un turbinoso e ben costruito assolo ricco di espressività, alternando frasi più melodiche ad altre velocissime; senza interruzione con una sezione ponte costruita con una serie di armonie ascendenti è legato il brano successivo scritto dal chitarrista, **Land of the Bag Snake**.

Cambio di ritmo e di tempo, quindi di velocità (ora in 4/4 a circa un terzo della scansione precedente), senza riff, ora con lenta ma inesorabile progressione di accordi modulanti (DO#m-LAm-FAm-SIm), sempre Holdsworth protagonista ben sostenuto da tutti. La fine è in un lento decrescendo e, tramite dei campanellini, si salda senza interruzione **The Man Who Waved At Trains**.

Raffinato e aereo, con felino riff di basso (LA *frigio*) punteggiato benissimo dalla batteria, si sviluppa con un elegantissimo tema esposto dai fiati su una sofisticata sequenza di accordi in contrappunto, tutto alquanto jazzy, delizioso, rammenta anche il nostro Perigeo: funge quasi da introduzione all'agitato **Peff**.

Molto rapido ma non aggressivo (in MIm poi trasla per ritornarci), almeno nella prima parte, breve ma complicato ciclo ritmico in 20/16 (3+3+3+3+3+3+2), con un etereo soprano in assolo, prima dell'entrata della chitarra elettrica distorta che sottolinea una parte del riff, e allora il soprano plana e diventa acido, stridulo, alterato. Termina in dissolvenza. (Solo questi due brani sono firmati da Ratledge.)

Four Gong Two Drums, il titolo elenca gli strumenti usati da Marshall per questo suo pezzo.

Dal vivo a Montreux (1974)

The Floating World conclude l'opera in modo sopraffino. Un lungo brano per tastiere e flauti, ancora ispirato dalla musica minimale, con cicli di note (6/8) che si stratificano formando la tela in LA *eolio*; sempre in leggero divenire per un semplice quanto stupendo tema "dipinto" da due flauti, uno alto l'altro basso entrambi suonati (in sovraincisione) da Ray Warleigh. Dopo la riesposizione del tema dei flauti, a 5'53", un suono come di carillon (celesta) si sovrappone suonando tre note in 4/8 che deliziosamente fa slittare la percezione temporale. Il titolo ben rappresenta il dolce ondeggiamento, incantevole.

Bundles non è un capolavoro ma un buon disco Jazz-Rock di ottima musica strumentale, composta bene e suonata ancor meglio, che ha anche qualche spunto di originalità, seppur di carattere più superficiale, sia per le ripartizioni timbriche (il lavoro quantitativo della chitarra solista: era raro pure in dischi di questo genere capeggiati da chitarristi) sia costitutive del disco (in pratica formato da due suite). Comunque differente, e in modo significativo, da tutto quello fino allora proposto dai Soft Machine.

SOFTS

1976

Softs

1) Aubade – 1:49 *(Jenkins)*
2) The Tale of Taliesin – 7:15 *(Jenkins)*
3) Ban-Ban Caliban – 9:19 *(Jenkins)*
4) Song of Aeolus – 4:29 *(Jenkins)*
5) Out of Season – 5:30 *(Jenkins)*
6) Second Bundle – 2:35 *(Jenkins)*
7) Kayoo – 3:25 *(Marshall)*
8) The Camden Tandem – 1:50 *(Etheridge, Marshall)*
9) Nexus – 0:47 *(Jenkins)*
10) One Over the Eight – 5:26 *(Jenkins, Marshall, Etheridge, Wakeman, Babbington)*
11) Etika – 2:21 *(John Etheridge)*

Roy Babbington – *basso*
John Etheridge – *chitarre*
John Marshall – *batteria, percussioni*
Alan Wakeman – *sassofono soprano e tenore*
Karl Jenkins – *piano, piano elettrico, Minipiano, String Synthesizer, Mini-Moog*

Musicisti aggiuntivi:
Mike Ratledge – *sintetizzatore (3, 4)*

Registrato presso gli Abbey Road Studios di Londra tra Gennaio e Marzo 1976
Prodotto dai Soft Machine
Etichetta originale: Harvest
Pubblicato nel Giugno 1976

Versione dell'album oggetto dell'ascolto:
CD - RCA ND 74703 (Italia)

Mike Ratledge non è più del gioco, e dei Soft Machine rimane solo la denominazione; la mutazione è ormai totale, Jenkins si è impossessato totalmente della "creatura", e i risultati non sono incoraggianti...

Softs è il nuovo disco e ormai la parabola declinante è palese. Peraltro anche Holdsworth è andato a contribuire con il suo straordinario talento chitarristico (nonché compositivo) alla rinascita dei Lifetime di Tony Williams, e successivamente lo troveremo con i Gong di Pierre Moerlen, per due ottimi dischi strumentali (*Believe It* e *Gazeuse*), tra gli ultimi della breve ma eccellente stagione Jazz-Rock.

John Etheridge è il nuovo chitarrista, ed è un epigono di Holdsworth, con un profondo "vibe" rock-blues. Altresì viene reclutato Alan Wakeman ai sassofoni soprano e tenore.

La stragrande maggioranza dei brani sono di Jenkins e i contributi di Marshall ed Etheridge, sono trascurabili in quantità e qualità. Da annotare che il bassista Roy Babbington suona un singolare strumento, ibrido tra chitarra elettrica e basso elettrico: il Fender VI. E' un piccolo basso elettrico a 6 corde, insomma è una grande chitarra elettrica con tanto di leva vibrato e con corde più grosse. Ancor più singolare l'adozione di questo raro strumento considerando che Babbington era un contrabbassista di estrazione jazzistica.

Softs si apre con **Aubade**, ed è un gradevole bozzetto di arpeggi di chitarra acustica e motivo melodico suonato dal sax soprano, che funge da preambolo per il brano più notevole del disco: **The Tale of Taliesin**.

La trama sonora di *The Tale of Taliesin* (seppur brano non lungo, è epico e denso), è costituita da un arpeggio in 6/4 (RE con tensioni tritoniche e semitonali) con innestato un semplice e cantabilissimo motivo melodico suonato dal bravo Etheridge. Il pezzo prosegue cambiando a 3'05" velocità, ritmo e tempo con un riff/unisono e assolo di chitarra. Mentre Babbington è sfruttato soprattutto per doppiare alcune parti delle tastiere, l'ottimo Marshall assolve continuamente il duplice lavoro di solida intelaiatura ritmica e di guida, che è al contempo serrata/rock ed elastica alla maniera jazzistica, andando a interagire e variare battuta dopo battuta, non mancando mai di sottolineare in modo opportuno tutti i non pochi obbligati accenti di metro e forma, marcando pure "stretta" e reattiva gli stabiliti repentini cambi di atmosfere: la batteria è la co-protagonista del brano.

Dopo la furiosa galoppata improvvisamente a 5'15" lo scenario cambia ancora, per planare sempre più placidamente e terminare in dissolvenza. Questa parte finale non riprende l'inizio pur sembrando così: è differente sia per la trama sia per il motivo melodico sia per il tempo (9/4 a velocità dimezzata e segmentazioni in progressione di 5/8 + 6/8 -+ 7/8; stessa divisione usata come variante dell'arpeggio iniziale a 40").

Dunque, come è tipico del genere Jazz-Rock, brano piuttosto statico armonicamente, modale; in ogni caso con molta sostanza musicale fornita da altri fattori che compensano questo scarsissimo moto armonico-accordale, che tanto coadiuva un qualsiasi pezzo musicale: non soltanto il dinamismo armonico-melodico che si crea quasi automaticamente, ma anche come ritmo insito e di successione di accordi (basti pensare quanto sia caratterizzante il suonare le sequenze di accordi di una qualsiasi canzone). *The Tale of Taliesin* suggella un po' mestamente il declino di questo importantissimo gruppo e di tutto il genere, tuttavia è una piccola pepita d'oro nascosta della miniera che conviene dissotterrare.

Senza pausa attacca il lungo brano **Ban-Ban Caliban**, e il cambiamento è quasi traumatizzante, il drone ricorsivo di sinth (micro contributo di Ratledge), rispetto a quelli degli altri dischi, si abbrevia ancor più: solo 2/4, la ritmica è funky (con qualche nota di marimba...). Si sovrappone a contrasto un bel tema largo di fiati e tastiere. Segue un buon solo di Wakeman al soprano. A 4'50" cambio di ritmo e accordo sottostante, atmosfera (più tesa), per l'irruente assolo in velocità e note acute tirate di chitarra elettrica. Poi si ritorna al tema iniziale e si conclude. La soluzione di continuità è fornita da due tastiere, una con un drone e un'altra imita il vento, s'innesta il pianoforte di **Song of Aelius**...

Una lentissima ballata terzinata con un motivo melodico breve e ricorsivo, elementare, esposto dalla chitarra elettrica (e tastiere) che poi va in assolo. Ripresa del motivo, salgono le tastiere e pianoforte, sfumata nel vento.

Out of Season
Pianoforte e chitarra acustica; poi piano elettrico e chitarra elettrica che suona ancora un motivo semplice su una progressione accordale arpeggiata, tutto ben punteggiato dalla batteria. Si ritorna come il principio acustico in duo per il termine.

Senza pausa principia **Second Bundle**, protagoniste tastiere con riverberi ed echi che tratteggiano per circa due minuti paesaggi vagamente futuristici.

Kayoo è il solito pregevole contributo in solitaria della batteria di Marshall, introdotto da qualche suono percussivo più "esotico". Qui si salda il duetto **The Camden Tandem** insieme con la chitarra elettrica di Etheridge: basato su suddivisioni serratissime e velocissime.

Nexus apre quasi epicamente, rullate, arpeggi di pianoforte, largo tema di chitarra elettrica... ma è solo un bozzetto. Attacca la funk-jam di ***One Over the Eight*** con protagonista il sax tenore, un vorticoso ponte per la coda finale; trascurabile.

Softs si chiude con ***Etka***, brano per due chitarre acustiche (sovraincise) non distante da alcune cose di Larry Coryell, però anche qui con ridotto spessore e gusto.

A fronte di questo modesto risultato, e col senno del poi, si può affermare che l'ultimo disco rilevante e "vero" dei Soft Machine è stato *Bundles*. Infatti, dopo *Softs*, ci saranno le due appendici del live registrato nel 1977, senza Babbington e con un violinista (*Alive & Well,* 1978), e di *Land of Cockayne* del 1981.

SOFT MACHINE - 1968-1981

ALIVE & WELL: RECORDED IN PARIS

1978

Alive & Well: Recorded in Paris

1) White Kite – 3:00
2) Eos – 1:22
3) Odds Bullets and Blades Pt. I – 2:18
4) Odds Bullets and Blades Pt. II – 2:33
5) Song of the Sunbird – 1:24
6) Puffin – 1:18
7) Huffin – 5:12
8) Number Three – 2:25
9) The Nodder – 7:13
10) Surrounding Silence – 4:04
11) Soft Space – 8:17

Tutti i brani sono composti da Karl Jenkins tranne 8 (John Etheridge) e 10 (Ric Sanders)

John Marshall – *batteria, percussioni*
Karl Jenkins – *piano, tastiere, sintetizzatore*
John Etheridge – *chitarre*
Ric Sanders – *violino*
Steve Cook – *basso*

Registrato dal vivo al Théâtre Le Palace di Parigi il 6-9 Luglio 1977
Registrazioni addizionali e missaggio effettuati agli Advision Studios di Londra
Prodotto da Mike Thorne
Etichetta originale: Harvest
Pubblicato nel Marzo 1978

Versione dell'album oggetto dell'ascolto:

CD - SEE CD 290 (UK, 1990)

Alive & Well è un buon disco di musica strumentale, suonata dal vivo a Parigi nel luglio del 1977 e parzialmente rimaneggiata in studio, di composizioni inedite di Karl Jenkins (fatti salvi due episodi), legate tra loro a mo' di suite. In termini stilistici *Alive & Well* è più ascrivibile del precedente *Softs* e successivo *Land Of Cockayne* alla denominazione musicale Soft Machine, non fosse altro che è nella scia di *Bundles*.

White Kite è un brano su un accordo tenuto e morbide sequenze ripetitive che pulsano (LAsus), tema pentatonico basso/tastiere (traslato modalmente in MIm); segue il caricamento su una nota che pulsa ternario, mentre dei gong aumentano l'ambientazione drammatica, per sfociare azzeccatamente dopo circa tre minuti in *Eos* tramite un fill di batteria.

Tema cantabile di chitarra elettrica con progressione ascendente e modulazione da LA a DO, ritmo in 4/4 terzinato; dopo alcune riesposizioni ecco **Odds Bullets and Blades (Part I)**.

Mini riff di basso in 7/8 (in REm) e, subito appresso, piano elettrico, batteria e chitarra ritmica funkeggiante, motivo all'unisono violino/tastiere (RE dorico), e morbido break per *parte B* con il basso che espone un altro motivo. Si replica un paio di volte, la seconda al posto della *parte B* si giunge a **Odds Bullets and Blades (Part II)** ove si cambia velocità (aumentata) e ritmo più lineare (con quinta battuta in 3/4), tema (ora la modalità è ruotata in RE misolidio) più serrato chitarra/violino all'unisono, e poi irruente assolo di chitarra sulla stessa base che si scalda benissimo, "spingendolo".

Si arriva rapidamente al termine mediante una frenata della rit-

mica e un ponte armonico con John Etheridge che continua a fraseggiare; s'innesta il pacatissimo ***Song of the Sunbird***, tutto col piano elettrico e sinth, che funge da introduzione a ***Puffin***.
Un bel martellamento rock (ma non ci fanno mancare la battuta dispari: in 7/8 a 23" e 49"), con la chitarra elettrica ancora protagonista che poi diviene ***Huffin*** (tramite la battuta in 7/8), con un ottimo tema di chitarra (doppiato dal basso) ben accentuato da tutti in 10/4 (3+3+4), ripetuto; poi base modale traslata in SOL *dorico* e semplice ma efficace ritmica rock-funk molto ben suonata in 4/4 per nuovo assolo di Etheridge. E periodicamente (ogni 8 misure) è inserito il segmento del tema iniziale di 10/4 (ripetuto): trascinante. Poi tocca al violino a improvvisare ed esclusivamente sull'obbligato in 10/4 reiterato molte volte, che al termine del solo riprende; infine è inserito anche un motivo (violino/chitarra) per la conclusione. Termina così la suite e il lato A del disco.

Number Three, apre la seconda parte del disco, ed è un simpatico episodio di chitarra acustica di Etheridge.
Si prosegue con ***The Nodder***, stupendo blues in RE in 12 battute con melodia in RE minore pentatonico (con passaggio dorico); però è differente, raffinato... è un esempio plastico di procedura *jazzrocker*: relativamente all'ortodossia del genere Blues, sono trasformati i fattori ritmici-metrici e, nell'improvvisazione di Etheridge, quelli modulativi-rotativi. Tempo sostenuto, segmentato in 11/4 (ultima misura di SOL in 10/4 e ultima misura del chorus in 13/4). Riff di piano elettrico, poi doppiato dal bravo Steve Cook, Marshall suona benissimo: aereo, flessibile su piatti/rullante/cassa ma allo stesso tempo preciso e incisivo. Tema all'unisono violino/chitarra; segue un bel solo in crescendo

di Etheridge; ripresa tema reiterato, e chiusura sul riff in dinamico decrescendo e rallentamento.

Surrounding Silence: su tre note di tastiere e un rapido "raschiamento" di note di un simil-sitar, un ambiente modale per una pregevole improvvisazione del violinista Rick Sanders: esotico-indianeggiante.

Soft Space è un brano a parte in tutti i sensi, sembra del tutto realizzato in studio, è l'attualizzazione mercantile e pop (tipo quella super ballereccia alla Giorgio Moroder) dei cicli ripetitivi che gli stessi Soft Machine si erano incaricati tra i primissimi di diffondere nel mondo Rock e dintorni; pertanto l'estrema volgarizzazione del finissimo ambient-new age di *The Floating World*, che concludeva *Bundles*, di cui *Alive & Well* ne è lo sbiadito rammento. E qui mestamente, di fatto, con questa sorta di memento finale, finisce l'avventura Soft Machine.

LAND OF COCKAYNE

1981

Land of Cockayne

1) Over 'n' Above – 7:24
2) Lotus Groves – 4:57
3) Isle of the Blessed – 1:56
4) Panoramania – 7:07
5) Behind the Crystal Curtain – 0:53
6) Palace of Glass – 3:22
7) Hot-Biscuit Slim – 7:27
8) (Black) Velvet Mountain – 5:10
9) Sly Monkey – 5:00
10) "A Lot of What You Fancy…" – 0:35

Tutti i brani sono composti da Karl Jenkins

Karl Jenkins – *tastiere, synth*
John Marshall – *batteria, percussioni*

Musicisti aggiuntivi:
Jack Bruce – *basso*
Allan Holdsworth – *chitarra elettrica*
John Taylor – *piano elettrico*
Ray Warleigh – *sassofono alto, flauto basso*
Dick Morrissey – *sassofono tenore*
Alan Parker – *chitarra ritmica*
Stu Calver – *cori*
John G. Perry – *cori*
Tony Rivers – *cori*

Registrato presso i Pye e i Riverside Studios di Londra tra Giugno e Luglio

1980
Prodotto da Mike Thorne
Etichetta originale: EMI
Pubblicato nel Marzo 1981

Versione dell'album oggetto dell'ascolto:
CD – Piper Records 081 (Estonia, 2007)

Il nuovo disco in studio, dopo quasi cinque anni (registrato nel 1980 pubblicato '81), della coppia Jenkins-Marshall, con molti ospiti, alcuni illustri, per la messa su strada della *macchina soffice*. Oltre ad Allan Holdsworth per un brano (e Ray Warleigh al sax contralto e al flauto basso) c'è Jack Bruce al basso in splendida forma e Dick Morrissey (in Inghilterra famoso sassofonista). Oltre a ciò una sezioni di archi e piccolo coro di complemento ad alcuni brani...

Over 'n' Above
Pigro ritmo con charleston aperto a mo' di ritmica dance, tema semplice e largo, poi più stretto e sincopato e piccola apertura;

trama alquanto fitta con tastiere e cori, poi sezione archi; segue assolo e inserimenti di sax tenore di Dick Morrissey. Cantabile e ballabile.

Lotus Groves

Gong, e ostinati di tastiere che si sovrappongono e che come il solito sono l'ossatura del brano che, per l'alternanza tra il RE e il SOL, colora tutto di blues: Bruce ben s'inserisce con il suo fretless; lineare tema flauto/tastiere, atmosfera esotica, assolo di flauto. Gradevole *esotic blues*.

Isle of the Blessed

Attacco thrilling, archi, poi si scioglie in un romantica melodia; è l'introduzione di **Panoramania**. Tema progressivo discendente in tempo medio, a 1'22" break archi, con sax contralto e basso a commento, segue un lungo e buon assolo di piano elettrico (per opera di John Taylor). Ripresa e chiusura. Un semplice, vaporoso e saporito pezzo Fusion che si lascia gustare con leggerezza.

Il primo lato del disco si chiudeva con il breve **Behind the Crystal Curtain** un breve pezzo per tastiere e qualche nota di sax contralto.

Palace of Glass

Suoni in lentissima assolvenza, fragoroso colpo di percussioni e gong: brevissimo ciclo di note arpeggiati in ostinati sovrapposti di una battuta, e sussurrato tema per tastiere sax e flauto, a 2'32" decisa armonia di voci (e tastiere) su un solo accordo; gli ostinati si dissolvono, a 3'07" irrompe batteria che fraseggia e rulla, attacca **Hot-Biscuit Slim**, rapido e sincopato brano fusion con l'ottimo assolo di Morrissey d'inconfondibile stile, pregno di soul e melodia, specie di David Sanborn al tenore. Nel finale, dopo la riesposizione del tema, assolo di piano elettrico, in dissolvenza.

l. to r. Mike Thorne (Producer), Jack Bruce, John Marshall, Ray Warleigh, Karl Jenkins, Allan Holdsworth

(Black) Velvet Mountain

Tastiere e archi, basso e batteria, ancora una romantica melodia, esposta dalla chitarra elettrica, ponte con motivo suonato dal contralto, ancora tema chitarra e chiusura con breve solo di sax.

Sly Monkey

Il brano risalta un po' rispetto agli altri, più impegnativo, meno "canzone" strumentale e più "puro"; seppur semplice come forma (sezioni A e B con *Ponte* e due spazi appena differenti per gli assoli di sax), ha una complicata struttura interna, virtuosistica, anche se non sembra, è un pezzo che fa la differenza col Rock: mediamente anche un valido gruppo non sarebbe in grado di suonarlo.

Note di chitarra, subito armonizzate da un'orchestra di chitarre elettriche, sono il preambolo per un bel tema (A) all'unisono sax contralto e chitarra che è suddiviso in 21/8 +27/8 +21/8+ 27/8+ 30/8 e contrappuntato dalla ritmica (anche col piano elettrico) accentuando alcuni passaggi, poi sezione *B* (45") con tema di chitarra più serrato (25/8 + 25/8) segue *Ponte* (59") con aggiunto il sax (16/8 + 16/8), ancora B con *codina* 25/8 + 25/8 + 14/8 + 14/8. Ripresa A (accorciata), poi breve assolo di sax su un tempo di 3/4 e un solo accordo; ancora A (accorciata: 21+27) e di seguito assolo di Holdsworth che si svolge sulla complicata (anche in termini armonici) sezione *B+Ponte+B+codina*. A 3'02" riesposizione del tema A accorciato e ancora assolo del sax, stavolta più lungo su due accordi e su un lineare 4/4, fino al fade out.

A Lot of What You Fancy
Pianoforte e sax contralto per una breve melodia.

I Soft Machine non c'entrano nulla, e *Land Of Cockayne* è un buon disco di musica strumentale alquanto leggero, Fusion.

Conclusioni

L'avventura musicale della "soffice macchina" inglese è straordinaria per vari aspetti: dopo il primo e notevole disco del '68 hanno, col secondo del '69, cominciato a porre le basi di alcune innovazioni nel campo d'azione del Rock e dintorni, sviluppandole in modo maturo già col terzo.

Ossidiana narrazione musicale proseguita, seppur in modi diversi, fino a *Bundles* ('75), fino all'abbandono di Mike Ratledge. Infatti, col *IV* e *V* si ha una deriva strumentale jazzistica notevolissima che se da un lato rinuncia al cantato e ad alcune più esplicite "nostalgie" wyattiane, dall'altro aumenta l'epicità (e la sottesa malinconia) nella monastica vocazione a dedicarsi allo sviluppo di forme particolari, a cominciare dai claustrali riff iterativi fino agli sviluppi di cattedrali soniche. I Soft Machine hanno edificato monumentali strutture.

In seguito, con l'affiancamento di Jenkins e la realizzazione di *Six*, *Seven* e *Bundles*, si recuperano un paio di caratteristiche che in *Fourth* e *Fifth* erano state ridotte: i cicli iterativi più strettamente minimalistici esposti dalle tastiere (con qualche hopperiana manipolazione nastri) e la tendenza al tema cantabile.

Con *Softs* e *Land Of Cockayne*, interamente dominati da Jenkins, si ha la caduta di quell'afflato di positiva tensione, di quelle differenze di potenziale (incarnate da Wyatt-Ratledge-Hopper poi con Dean, in seguito senza Wyatt e con Jenkins) che nei gruppi è potentissima carica energetica da convogliare come luce laser per intagliare la dura pietra musicale, lavorarla e far così gemmare opere splendide.

La musica dei Soft Machine, sinuosa, reticolare, fluida e compatta al tempo stesso è, infatti, fondata su estremi: la fondamentale reiterazione di riff e cicli minimalistici con manipolazioni elettroniche, insieme con l'imprevedibilità fornita da complicate forme e strutture ellittiche, unitamente con la propensione all'estemporaneità strumentale, di matrice jazzistica, d'interazione tra i componenti e all'improvvisazione solistica, spesso virtuosistica, ha conseguito non solo esiti particolarmente creativi, ma ha portato addirittura a co-fondare, agli albori dei '70, il genere cosiddetto Jazz-Rock. Dunque i Soft Machine per molti gruppi (alcuni importanti) sono stati un concreto modello cui riferirsi. (Basti pensare alla netta influenza che in Italia i SM hanno esercitato sui due più importanti gruppi Jazz-Rock in assoluto: Perigeo e Area.)

APPENDICE

I protagonisti

Mike Ratledge
Autore e tastierista; di estrazione musicale sia Classica sia Jazz, è un asse portante dei Soft Machine per la sua straordinaria capacità compositiva e l'approfondita ricerca sonora; altresì per la personale espressione solistica, in cui predilige l'effluvio affabulativo al lirismo, l'aggressione sonora al romantico patetismo: si situa stilisticamente all'incirca a metà tra Jimi Hendrix e John Coltrane (il nostro fuoriclasse Patrizio Fariselli, degli Area, è da considerarsi parzialmente un epigono). Dopo *Bundles* abbandona il gruppo.

Robert Wyatt
Autore, batterista e cantante; di estrazione simile a Ratledge (Classica e Jazz), anche lui asse portante del gruppo per le eccellenti capacità in tutti e tre i ruoli che rivestirà fino a *Third*.

Poi, in *Fourth*, ricopre esclusivamente il ruolo di batterista splendidamente svolto. Malgrado i suoi atteggiamenti molto "scapigliati", come batterista è sempre misuratissimo preciso e opportuno: non un colpo di meno, non uno di più, costante e totale contributo per la composizione. *(Se ne parla più diffusamente alle pagine 71-72)*.

Kevin Ayers
Autore, bassista (chitarrista) e cantante; di estrazione Rock, ha influito poco nell'economia musicale dei Soft Machine: strumentista modesto, presente solo nel primo 45 giri e nel disco di esordio, avrà modo di esprimersi compiutamente come autore e cantante per un'apprezzata carriera da solista.

Hugh Hopper
Autore e bassista; di estrazione prevalentemente Jazz, terzo asse portante, di là delle sue notevoli composizioni, riesce come bassista (ruolo di solito negletto), a fronte di una grande creatività e

tecnica, ad essere sia spinta melodica-armonica (e naturalmente ritmica) sia fulcro ove ruotava tutto, per le sue surreali linee deformate dalla distorsione, che a volte interrompevano il pulsare quasi continuo dei suoi riff e varianti, per offrire una figura di fondo che permeava il divenire sonoro come mai si era ascoltato prima.

Elton Dean
Autore e sassofonista; di estrazione Jazz, da *Third* membro effettivo (poi *IV* e *V*), tendente a uno stile aggressivo e free, laddove adeguato non manca di essere melodico e lirico, pertanto ottimo solista con buona personalità anche nel suono e nella tecnica; suona oltre al contralto il saxello, specie di sassofono soprano.

Roy Babbington
Contrabbassista e bassista di estrazione Jazz.
Presente in alcuni brani di *Fourth* e *Fifth* come contrabbassista,

fornendo un pregevole appoggio esterno al governo SM per la sua sensibilità nell'accompagnamento e nel disegnare con l'archetto suggestive traiettorie sonore con ipertoni alterati col distorsore. Rientra in *Seven* per la dipartita di Hopper (poi *Bundles* e *Softs*), assumendo il ruolo a tempo pieno di bassista elettrico in modo dignitoso, ma lontano dal contributo sinuoso e talvolta surreale del predecessore.

John Marshall
Batterista; di estrazione Jazz, come autore ha contribuito sporadicamente con qualche interessante registrazione di suoi assoli, partecipa dalla seconda parte di *Fifth* ('72), si è distinto per la sua abilità nel suonare sia "stretto" e incisivo sia più arioso e "melodico" ritmi e tempi complessi insieme a precisi obbligati. Membro nel biennio '70-'71 insieme con Jenkins dell'ottimo gruppo Jazz-Rock dei Nucleus. È sempre stato un apprezzato session man.

Karl Jenkins

Autore, fiatista e tastierista; di estrazione Classica (ma importanti esperienze anche nel Jazz), in particolare è un oboista, suona una pletora di strumenti a fiato tra cui il sax soprano e baritono, ed esegue oltra ai temi anche buoni assoli, mentre come tastierista si limita ad accompagnare. Presente da *Six* (in pratica sostituisce Elton Dean) ove imprime già il suo stile compositivo, più semplice, cantabile e iterativo, progressivamente diverrà l'asse principale dei SM, fino a divenirvi l'unico (da *Softs*). Membro fondatore dei Nucleus.

Allan Holdsworth

Autore e chitarrista; di estrazione prevalentemente Jazz, ha partecipato solo in *Bundles*, ove però si è potuto esprimere compiutamente in virtù dello spazio assegnatogli. Straordinario solista dallo stile fluviale, molto veloce nelle lunghissime frasi, il suo linguaggio è pure articolato armonicamente;

ottimo compositore. In quegli anni era uno dei chitarristi più richiesti dagli esponenti più illustri del Jazz-Rock e dintorni, partecipando a molti dischi divenuti pietre miliari e contribuendo all'innalzamento del loro tasso qualitativo di base; come per *Bundles*.

Raccolte e bootleg

Triple Echo è un triplo album pubblicato dalla Harvest nel 1977 che, oltre a essere un'antologia di brani dal *Volume One* fino a *Softs*, contiene anche il singolo pubblicato nel 1967, altresì *Memories* e *She's Gone* dei provini di quella primavera pubblicati nel '72 in *Faces and Places Vol. 7*.

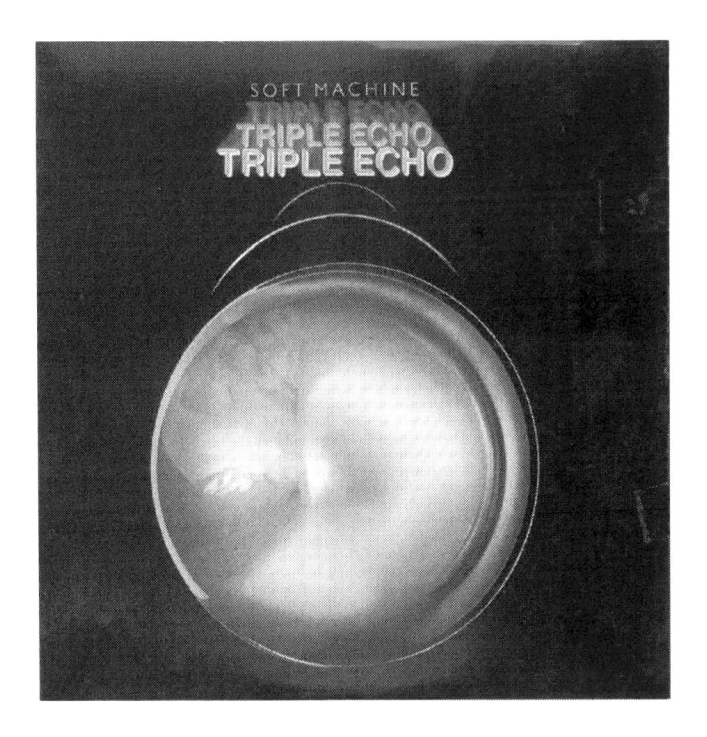

L'interesse maggiore è che ci sono quattro brani dal vivo registrati tra il giugno del '69 e il maggio '70 per la BBC. *The Moon in June* in trio, *Esther's Nose Job* e *Mousetrap/Noisette/Backwards/Mousetrap Reprise* addirittura in settetto con trombone (Nick Evans) e cornetta (Mark Charig) oltre a Elton Dean e Lyn Dobson ai sax. Poi in quartetto (con Dean) una suite super compressa di brani a loro volta piccole suite: *Slightly All The Time/Out Bloody Rageous/Eamonn Andrews*.

Anche solo da questo *Triple Echo* si evince, come asserito nell'introduzione, che i Soft Machine tengono fede al loro nome, un congegno duttile così sofisticato che è in grado di plasmarsi a ogni occorrenza.

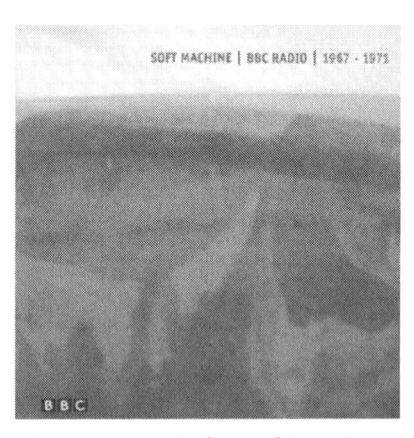

Brani inediti si trovano anche in una raccolta di live alla BBC (*BBC Radio 1967–1971* pubblicato dalla Hux Records nel 2003).

Clarence in Wonderland/We Did It Again e **We Know What You Mean**, del 1967, testimoniano come i Soft Machine siano partiti dal Rock con tentazioni progressiste, esplicitate nel primo pezzo con l'introduzione organo thrilling appena dopo sciolta nella filastrocca, poi missata con soluzione di continuità di un urlo e breve free part col pezzo che apparirà nel primo disco; nel secondo con la parte ponte scanzonata e bizzarra con battuta dispari e finale con mutazione ritmico-metrica.

Altro inedito è **Neo-Caliban Grides** del gennaio '71, che ha le coordinate della musica SM dell'epoca. Scritto da Elton Dean era da un po' nel repertorio del gruppo, è un impegnativo strumentale di marca Jazz-Rock, tirato e articolato, con parti free, obbligati e assoli: molto interessante. (Qui ridotto - tramite un edit a 2'07" - rispetto ad altre performance.)

E a proposito di concerti e del primo periodo con Wyatt, così fertile di rielaborazioni dei materiali musicali, ci sono in circolazione vari e validi bootleg, in particolare **Noisette** e **Virtually**: il primo del 4 gennaio 1970 in Inghilterra, in quintetto con Dean e Dobson, il secondo del 23 marzo 1971 in Germania solo con Dean.

Sono presenti molti motivi di interesse, oltre quelli meramente esecutivi, alcuni ottimi brani inediti e versioni alternative di altri notevolmente differenti, basti per esempio *The Moon In June* ridotta di quasi un terzo della sua lunghezza rispetto all'originale registrato qualche mese dopo, che a sua volta è ulteriormente allungata rispetto a quella presente in *Triple Echo*.

Altra pubblicazione interessante è **Spaced** (Cuneiform Records, 1996). È l'esito, conseguito nel 1969, di un progetto commissionato ai Soft Machine da Peter Dockley per sonorizzare uno spettacolo multimediale (con ballerini e ginnasti) alla Roundhouse di Londra. Opera di sperimentazione alquanto radicale, qui editata e ridotta (di oltre venti minuti) per renderla più fruibile come puro ascolto.

Tapeloop, organo e piano elettrico, basso e batteria (e sax di Brian Hopper); proto neuromanti gibsoniani con lo sguardo rivolto a un cielo dall'aspetto di televisione sintonizzata su un canale morto.

Spaced, facendo la tara alla maestà visionaria di Sun Ra e alla querula inquietudine elettrica del Miles Davis di quei tempi, è una sorta di connubio tra i *loop* di Terry Riley, Lumpy Gravy di Zappa, e i Pink Floyd più spericolati. E molte altre cose che ci hanno messo dentro questi meravigliosi artisti.

I SM sono andati oltre per raggio d'azione e tipologia di conduzione narrativa, se così si può dire... per azione sospensiva, dilatatoria, propulsiva; straniante.

Non scorre un paesaggio strano, futuro, fatto di estrosi edifici e mezzi che solcano l'aria, qui sulla Terra, no, si sta nello Spazio; a cominciare dai desolati paesaggi lunari.

Scenari pietrosi e spettrali; poi investiti da qualche tempesta solare, e ancora in giro per i tanti anelli di Saturno, vorticando un po' frastornati, ammaliati, disturbati; primordi di qualche forma di vita, lacerate forme distopiche...

Spaced non è un flusso sonoro da *ambient-new age* di neutralizzazione del caos urbano, raffreddamento delle menti e dei corpi, luce bianca di felicità, né meccanizzazione *techno-dance* da moderno rituale di massa; è reperire, nel rumore e nel buio, ombre e parvenze, impronte astratte e striate con tratti ellittici e colori a volte diluiti, più spesso saturi. *Spaced* è stati di alterazione con pulsazioni cardiali e sieri amniotici di chissà quali creature: alieni o noi mutati, un po' Golem un po' cyborg, transumani con organi emendati.

Un'esperienza realmente diversa, e come tale va bene per chi vuol viaggiare con la mente senza polizze assicurative.

Quando qualcuno, come questi tipi, indica col dito la Luna, guardiamogli pure le dita: ci conviene.

Discografia

Album

1968 – The Soft Machine *(Probe)*
1969 – Volume Two *(Probe)*
1970 – Third *(CBS)*
1971 – Fourth *(CBS)*
1972 – Fifth *(CBS)*
1973 – Six *(CBS)*
1973 – Seven *(CBS)*
1975 – Bundles *(Harvest)*
1976 – Softs *(Harvest)*
1978 – Alive & Well: Recorded in Paris *(Harvest)*
1981 – Land of Cockayne *(EMI)*

Bootleg *(selezione)*

1988 – Live at the Proms 1970 *(Reckless)*
1990 – The Peel Sessions *(Strange Fruit)*
1995 – Live at the Paradiso 1969 *(Voiceprint Records)*
1995 – Live in France (One Way)
1998 – Live 1970 *(Blueprint)*
1998 – Virtually *(Cuneiform Records)*
2000 – Noisette *(Cuneiform Records)*
2002 – Backwards *(Cuneiform Records)*

2002 – Facelift *(Voiceprint Records)*
2003 – BBC Radio 1967–1971 *(Hux Records)*
2003 – BBC Radio 1971–1974 *(Hux Records)*
2004 – Breda Reactor *(Voiceprint Records)*
2004 – Live in Paris *(Cuneiform Records)*
2004 – Somewhere in Soho *(Voiceprint Records)*
2006 – Floating World Live *(MoonJune Records)*
2006 – Middle Earth Masters *(Cuneiform Records)*
2006 – Grides *(Cuneiform Records)*
2009 – Live At Henie Onstad Art Centre 1971 *(Reel Recordings)*
2009 – Drop *(MoonJune Records)*
2010 – NDR Jazz Workshop *(Cuneiform Records)*
2015 – Switzerland 1974 *(Cuneiform Records)*

Raccolte

1972 – Faces and Places Vol.7 *(BYG Records)*
1977 – Triple Echo *(Harvest)*
1996 – Spaced *(Cuneiform Records)*

45 giri

1967 – Love Makes Sweet Music / Feelin' Reelin' Squeelin' *(Polydor)*
1968 – Joy of a Toy / Why Are We Sleeping? *(Probe)*
1978 – Soft Space *(Harvest)*

I paesaggi sonori modali e tonali

Caratteristiche operative del Jazz-Rock

Il Jazz-Rock si distingue da altri generi come Progressive, Jazz, Fusion, Rock e Pop (il Blues è una ridotta via di mezzo), giacché è prevalentemente **modale**[3], mentre gli altri sono prevalentemente **tonali**[4].

---

[3] Modalità: sistema di riferimento prettamente melodico di libere strutturazioni d'interrelazioni tra note.
Per ottenere un ambiente musicale modale c'è necessità di pochissimo: un accordo isolato, una breve sequenza di note, pure ciclica (riff/ostinato), oppure una sola nota di solito di bassa frequenza (pedale o bordone).
La modalità, mediante quelle aree statiche (armoniche, melodiche e ritmiche) offre svincolate scelte di scale da associare, stabilendo straordinarie possibilità melodiche che creano peculiari atmosfere; le risorse melodiche potenziali applicative sono illimitate (scale e altre combinazioni intervallari).
Nelle modalità le combinazioni delle note hanno una tendenza centrifuga e più libera, pertanto il sistema modale si affranca dai consueti centri gravitazionali autoreferenziali prodotti da quello tonale.

[4] Tonalità: specifico ordinamento armonico-melodico di vincolanti relazioni di riferimento intercorrenti fra le note di una scala diatonica (Maggiore e Minore) per farle "orbitare" (come satelliti riguardo un pianeta) verso una nota distinta chiamata tonica (la fondamentale della scala) mediante sequenze accordali.
Infatti, nella pratica funzionale, le note sono messe armonicamente in rapporto tra loro cioè coagulate formando così gli accordi, che sono poi ulteriormente messi in relazione tra loro orientandoli in modo che gravitino attorno e/o tendano in direzione della tonica, che è pertanto il centro tonale intorno al quale "girano" melodie e quant'altro.
Il sistema tonale mediante armonie sempre (velocemente) mutevoli, offre una peculiare vitalità musicale intrinseca e indipendente da cosa (melodicamente) si sovrappone, ma che è obbligato da un limitatissimo lessico.

Sommariamente si può intendere *modale* un ambiente armonico statico nel quale ci possono essere un bordone di nota, magari un riff, un paio di accordi che determinano la radice dello spazio di riferimento (con qualcos'altro di melodico che "gira sopra": di solito un tema o un'improvvisazione).

Il *tonale* ha una serie di accordi che sequenzialmente "girano" attorno alla nota fondamentale della scala chiamata *tonica* che pertanto funge come fulcro (con qualcos'altro di melodico che "gira sopra": di solito un tema o un'improvvisazione). Perciò un ambiente più dinamico e apparentemente più spazioso.

Approssimando metaforicamente possiamo immaginare la modalità come guardare una gara di Formula 1 con una telecamera fissa o quasi (armonia statica) che dall'alto inquadri tutto il circuito. Mentre la tonalità, quella stessa gara con una telecamera mobile (armonia dinamica) che segua le varie parti del circuito.

Quindi ci sono le *modalità* e le *tonalità* e durante un brano ci possono essere uno o più cambiamenti di modalità o tonalità: sono chiamate *modulazioni*, e possono essere intese come *traslazioni* armonico-melodiche dell'ambiente in cui si era.

È come modificare lo spazio che si abita cambiando esposizione, luci, colorazioni, collocazioni degli oggetti e altri dettagli più o meno evidenti: ci sembra di cambiare stanza.

Poi ci sono le *rotazioni* che sono mutamenti più radicali, ovvero modificare davvero le dimensioni degli spazi e gli oggetti che esso comprende: è cambiare stanza.

Ulteriormente sono possibili anche traslazioni-rotazioni con l'accumulo di effetti che ciò comporta. Il sistema tonale ha una ridottissima capacità di rotazione, il modale pressoché totale: il rapporto è circa 4 a 3000.

Dunque il modale ha degli scenari armonici alquanto statici, nel genere Jazz-Rock ciò è spesso compensato da scenari ritmici dinamici e complicati, serrati temi e difficili obbligati di solito all'unisono (ossia due o più strumentisti insieme a suonare la stessa parte), strutture particolari, e scelte scalari (quali modi adottare) non comuni; oltre le modulazioni traslative sono usate anche le rotazioni modulative.

Canterbury dove?

Ogni tanto conviene tentare di fare chiarezza, aggirandosi tra le varie leggende che circolano da decenni nel mondo del Rock; saghe che alimentano mal comprensioni di cosa è il Rock, da cosa è formato, musicalmente intendendo. In special modo ne soffre il Progressive e dintorni...
Nel volume precedente di Dischi da leggere (*Pink Floyd 1967-1972*) abbiamo affrontato il concetto di **psichedelia** e mostrato come sia scorretto correlare questo termine a un genere o a un qualcosa di endemico del Rock; eventualmente è da associarlo a un connotativo stilema inter-genere definito da alcune caratteristiche soniche. Nulla più di un approccio di coloritura e percezione che s'induceva mediante qualche effetto elettronico. A volte psichedelico è correlato a **canterburiano** e allora...
E allora vediamo da cosa deriva quest'altro aggettivo.

È opinione diffusa che nel Rock esista una **scena musicale (o "scuola") di Canterbury**. Dunque se non un genere, almeno un preciso stile musicale che avrebbe caratterizzato uno dei periodi più notevoli in assoluto, ovvero quello che addirittura avrebbe dato i natali al Progressive tra la fine dei '60 e l'inizio dei '70.
No, non c'è una "scuola" né uno stile *canterburiano*, non ci sono

elementi prettamente musicali che denotino questo supposto istituto musicale. Seppur da più parti sia stato tentato di tracciare alcune coordinate stilistiche di riferimento: *rock psichedelico, Prog, Jazz, Avanguardia, Elettronica... "complesse armonie, ampie sezioni lasciate all'improvvisazione, utilizzo di elementi jazzistici, che danno a questa musica una libertà formale e una notevole ricchezza timbrica e stilistica..."*. Quindi pure **Frank Zappa** è canterburiano? E gli **Spirit** di Randy California o i **Magma**? I **Nice** o i **Colosseum**?

Se, per comodità, con *canterburiano* ci si può riferire a quello che dopo la metà degli anni '60 un gruppo di ragazzi, nella città di Canterbury, ha costituito in quanto ad adolescenziali motivazioni e mescolanze tra loro, comuni interessi artistici nel fare musica che fosse creativa ecc., ciò non consente di trarne elementi comuni tali da poterne individuare uno stile compiuto o una scuola (con le conseguenze musicali che ne dovrebbero derivare e che vengono artatamente divulgate di solito).

Infatti, da quella sorta di laboratorio musicale chiamato poi **Wilde Flowers**, attorno al quale si sono riuniti alcuni tra i più notevoli nomi (Robert Wyatt, Daevid Allen, Pye Hastings, Kevin Ayers, le coppie di parenti Sinclair e Hopper...), si sono ramificati i **Caravan**, **Soft Machine** e **Gong**, e i loro successivi laterali (il grande **Steve Hillage** era nei dintorni) ed epigoni. Ma non ha dato esiti comuni, né in senso di contenuti né di forma.

Peraltro né l'estetica (il ponderare l'esito) né la poetica (la causale dell'azione) di questi era peculiare. In quei tardi anni '60 moltissimi si proponevano d'innovare le forme musicali derivanti dalla canzone-rock beatlesiana, usando quel che ritenevano più opportuno, dai timbri alle strutture, alla commistione di generi e stili già correnti ecc,. dai **Cream** ai **Chicago** dai **Moody Blues** a **Santana**.

I Wilde Flowers (Hugh Hopper, Richard Coughlan, Brian Hopper e Robert Wyatt)

Quel che diffusamente è inteso e divulgato come musiche *canterburiane* è dato da sonorità morbide e pulite, quasi arcadiche, prodigate soprattutto dall'uso di timbri e strumenti come flauto e organo con progressioni di accordi tonali e modulanti, e melodie alquanto sinuose, con il cantato garbato...
Ma questa è la descrizione dei **Caravan**!
Non si riscontrano queste caratteristiche nei **Soft Machine** o nei **Gong**; ne hanno ben altre... Viceversa si potrebbero rammentare anche solo due tra i gruppi inglesi più famosi e influenti dell'epoca, **Traffic** e **King Crimson**, e chiedersi, considerando le loro caratteristiche musicali e confrontandole con quelle generiche ostentate da chi sostiene della scena o scuola canterburiana, perché non ci rientrerebbero...

Insomma, che siano i **Genesis** o i **Camel** o altri che hanno a volte esplicitamente alcune di queste caratteristiche, non hanno tanto generiche discendenze *canterburiane* (alcuni gruppi ebbero parentele dirette per la militanza di componenti dei Caravan stessi) quanto più precisamente *caravaniane*. Semplice.
Certamente è più facile approssimare con suggestive etichette e affagottare tutto, confondendo; più affascinante, quindi vendibile, rimandare le nette discendenze caravaniane a una nebulosa e mitica scuola canterburiana, ma sono solo immaginose narrazioni alternative di ciò che musicalmente è stato.

La lapide sulla cosiddetta scena di Canterbury la mette, in conclusione, uno dei suoi protagonisti, Robert Wyatt: *"Come il cristianesimo è stato inventato settant'anni dopo la morte del pover'uomo, anche la 'scena di Canterbury' è stata inventata molto tempo dopo, dall'esterno. Da quel che ricordo, nessuno a Canterbury pensava che facessimo parte di una qualche scena. Ricordo invece molto bene che volevamo andarcene da Canterbury*"[5].

Più chiaro di così...

---

[5] Intervista rilasciata a Radio Popolare tra la fine di novembre e l'inizio di dicembre 1994 e pubblicata sulla rivista Musiche - N°17 (Primavera 1996)

Il Minimalismo musicale

Il minimalismo musicale è generato da un processo sonoro, cioè specie di sviluppo algoritmico nel tempo, di minutissime cellule soniche organizzate con pochissime formule melodiche e ritmiche (sovente senza pause) in ripetizione ostinata, non necessariamente rigida, ovvero con ridottissime variazioni e delicati spostamenti delle fasi, ossia slittamenti sistematici nel tempo dati e percepiti di solito da sovrapposizioni di ulteriori cellule-varianti soniche proliferate. Il progressivo sfasamento di moduli ritmici determina la progressiva emersione nel corso del tempo di differenti accentuazioni metriche.

La **ripetizione** non ha solo il semplice ruolo di memorizzazione di un modello, ma anche quello di rivelatore progressivo della sua struttura reticolare e delle sue potenzialità proliferanti.
Tra due eventi musicali si tende a mettere sul fondo il simile e in primo piano il differente, ovvero quello meno vivace in termini di variazioni dinamiche, ritmiche e frequenziali fa da sfondo a quello che più muta, il minimalismo invece ha come principio l'**autoreferenzialità** e l'**autosomiglianza**; un po' come l'arte orientale che è basata su "pattern" di figure ornamentali che divengono *texture*, trame che poco rappresentano e "narrano", senza il rapporto figura/sfondo, ma che diffusamente saturano gli spazi.

Nella musica occidentale ormai diamo per scontato il rapporto tra figura e sfondo, tuttavia è solo dal Seicento in poi, col Barocco, che s'instaurerà e impererà questa relazione figura/sfondo ovvero quello melodia/accompagnamento.

Infatti, precedentemente, nella musica gregoriana e il suo sviluppo, ossia la polifonia medievale e rinascimentale, era assente la prospettiva armonica-accordale perché le composizioni erano (all'estremo del minimalismo) ipermelodiche: le varie voci delle ricche linee melodiche all'interno dell'intreccio erano sostanzialmente equivalenti, senza una prevalente, dotata cioè di quelle caratteristiche di discontinuità ritmico-intervallare che ne avrebbero esaltata l'individualità, statuendo il rapporto figura/sfondo.

In relazione biunivoca a questo mutamento epocale della musica va anche considerato l'uso crescente del contrasto dinamico *piano/forte*, cui sono spesso associate le connotazioni, oltre a quella naturale tra delicatezza e forza, *lontano/vicino* e *interno (intimo)/esterno (esteriore)*, aumentando di fatto le potenzialità espressive e quindi tutta una serie di tecniche correlate alla condotta delle note, al loro portamento e articolazione nel tempo.

Dunque il minimalismo musicale è basato sulla generazione di *textures* con un'economia di materiale eccezionale, fondato sulla reiterazione di una medesima figura-pattern dalle caratteristiche ritmico-melodico-armoniche elementari; altresì i pattern sono senza pause giacché altrimenti introdurrebbero segmentazioni che articolerebbero la forma globale depotenziando la continuità su cui tutto si basa e ruota. La **continuità** è una proprietà essenziale di questo genere di composizioni, così come la rapidità dell'articolazione, esse tollerano solo mutamenti continui della figura.

In questo modo la sensazione predominante non è di mera ripetizione ma di trama sonora per l'assoluta piccolezza degli oggetti sonici impiegati: non ci si concentra sul particolare, avvicinandosi, ma si ha un'attenzione periferica o da lontano, come osservare un quadro impressionista, o ancor più analogamente, una decorazione islamica (tassellazioni geometriche basate sulla replicazione di una figura, un pattern): il percepire il tutto contemporaneamente.

Altresì la ripetizione, combinazione e variazione di un pattern favorisce l'assenza della narrazione, riconducibile alla presenza del "pacchetto" figura melodica/sfondo d'accompagnamento, giacché non si attende più qualcosa che dovrà avvenire, ci si abitua a quell'assetto ambientale.

D'altra parte la ripetizione è un fenomeno artistico molto "musicale", e di solito la reiterazione musicale non assume la caratteristica di uguaglianza, ma una riproposizione con minime varianti, facendo così percepire nel continuum lineare quella quasi-replica come un simbolo, un'astrazione, un ciclo.
E nella pratica del Riff (breve e ripetuta frase melodica di solito non più lunga di una o due battute emessa nella tessitura di bassa frequenza), la ripetizione musicale quasi mai è l'unico evento, solitamente ci sono altri elementi musicali che si sovrappongono a esso creando piani sonori particolari: su uno sfondo compatto dato dalla ripetizione quindi si sovrappongono gli eventi che cambiano davvero creando perciò movimento e dinamica.
Misticismo Zen, variante particolare di quello generico orientale,

potente magnete cui la cultura occidentale ne è ciclicamente attratta, fascinazione perpetua, la beatitudine di accettare lo scorrere sempre mutevole sempre uguale di tutte le cose senza tentare d'interferire. Ma dai musicisti non è stato fatto semplicemente un trasferimento Oriente-Occidente di quelle caratteristiche, ma un'interpretazione, e così sono state trovati punti di fusione tra razionalismo tecnologico e irrazionalità mistica (modernismo scientifico e primitivismo naturale): l'impulso meccanico e automatico della macchina si fonde con l'azione e il gesto volitivo del tribalismo percussivo, il flusso della catena di montaggio con la rituale trance metafisica.

E i Soft Machine, come emerso dalle analisi precedenti, hanno usato diffusamente, prima di tutti i loro colleghi Rock, questi moduli e procedure di minimalismo musicale, integrandoli con le loro straordinarie capacità individuali.

Allora un passo indietro e storia sintetica...
Successivamente all'esperienza del Gruppo di Darmstadt[6] (1946), fucina musicale che segnò, nel bene e nel male, molto di ciò che avvenne poco dopo nel mondo della musica, si giunse (nei tardi anni Cinquanta) a importanti correnti musicali: oltre quella elettronica (basata sulla generazione e manipolazione di suoni da appositi apparati, pertanto innaturali, sintetici) e concreta (uso di rumori ambientali/naturali preregistrati per poi trasformarli), si

---

[6] Gruppo di Darmstad indica quel drappello di artisti dell'avanguardia musicale che, a vario titolo e nel tempo e con risultati stilistici assai differenti, hanno frequentato la sede dei corsi estivi tenuti nella cittadina tedesca (ove non s'insegnava solo, ma soprattutto si suonavano musiche del '900 poco eseguite): da Olivier Messiaen a Luciano Berio, da Pierre Boulez a Lugi Nono da Gyorgy Ligeti a Karlheinz Stockausen, John Cage e alcuni altri.

aggiunse quella aleatoria (eventi sonori casuali, affatto indeterminati e quindi imprevedibili, comunque perfettamente interpretabili).

A latere e successiva (nei '60), c'è stata la musica minimale (brevissime sequenze di note e suoni che variano minimamente, che spesso proliferano e si sovrappongono sfasate): si può intenderla come una sorta di reazione antitetica al sistema dodecafonico seriale che aveva come precetto la non ripetizione...

Karlheinz Stockhausen

Tanti i nomi per le correnti di musica elettronica, aleatoria e concreta, meno per quella minimale; i più famosi: Schaeffer, Henry (i pionieri della concreta), poi Cage, Stockhausen, Ligeti, Maderna, Berio.

Per quella minimale **La Monte Young**, **Terry Riley**, **Steve**

Reich e Philip Glass. Per questi, dunque, la poetica era di fondere le pulsioni mistico-iniziatiche-musicali dell'Oriente con le nuove dimensioni percettive, ricercando nuove estetiche artistiche.

Dopo la metà del '900 con le correnti di musica elettronica, aleatoria, concreta e minimale c'è stata la negazione dei principi stessi costituenti la musica fino allora esistita, compresa quella dodecafonica: sovente la musica si organizza per fasce soniche che si dispongono nel tempo come pannelli statici, per addensati fonici non più distinguibili nelle loro singole componenti. Si richiede una percezione globale.

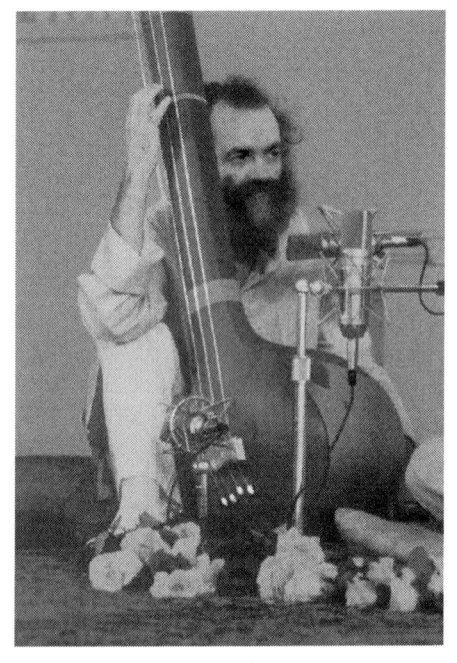

La Monte Young

Per questi artisti il suono non è più in relazione ad altri della stessa natura e organizzati tramite convenzionali forme e strutture, ma è un fattore di pura fisicità, autonomo e svincolato da forme più o meno precostituite, non di rado con vari gradi di indeterminatezza, aleatorietà.

Dunque quella del secondo '900 è una nuova radicale dimensione sonora basata non più necessariamente su esecuzioni simultanee e avente materiali costruttivi affatto diversi da tutto quello c'era stato: senza note e con timbri rumoristici (o sintetici) o con ipnotiche ripetizioni circolari senza traiettorie e parabole significative; e a volte queste due condizioni si fondevano. La tela sonora prettamente acustica-circolare o con estreme cuspidi e avvallamenti e con, non di rado, improvvisi strappi o buchi (silenzi). Informale violenza o magnetico stallo.

Ed è intrigante sottolineare che le correnti di musica elettronica, concreta e minimale hanno fecondato le nuove generazioni, quelle interessate a esprimersi in modo differente, con altre urgenze e finalità rispetto a quelle precedenti: le generazioni che dagli anni '60 a oggi hanno cambiato il volto della musica, quelle del Rock.

(Quella aleatoria ha avuto qualche epigono nel Jazz, di stile Free, e comunque ha permeato diffusamente questo genere per naturali affinità: l'improvvisazione.)

Il Rock e dintorni si può ben considerare come il genere musicale che più rappresenta un crocevia tra la restaurazione del vecchio Sistema Tonale-diatonico, interpretazioni e improvvisazioni di natura sia classicheggiante sia afroamericana, e rumorismi/minimalismi musicali, quello che in potenza potrebbe esser un qualcosa che approssimi il concetto di musica totale.

Il Rock è caratterizzato da una graduale propensione alla dimensione tecnologica postweberniana, basata sulla registrazione multitraccia con effetti sonori propri di una manipolazione successiva all'evento musicale stesso: sia dei loop generati pochi attimi dopo l'esecuzione sia per qualsiasi elaborazione operata dopo giorni, settimane, mesi o addirittura anni.

In ogni caso, nel Rock, l'aggressione musicale è diffusamente spostata sul timbro e non sulle configurazioni con angoli acuti, cuspidi e profondi scoscendimenti, caratteristiche delle conformazioni espressive dell'avanguardia postweberniana. Nel Rock è invalsa la struttura musicale convenzionalmente costruttivista e smussata, parente prossima di quella della musica Classica super tradizionale, insieme con il suo lessico quasi arcaico, ancora prevalentemente penta-diatonico. Insomma il Rock ha molti punti ove potrebbe approfondire ed estendere; è a tuttora un ottimo compendio musicale rimasto nella sua fase adulta, che aspetta, a fronte delle sue enormi potenzialità, di essere ulteriormente ampliato e reso davvero maturo e fecondo a sua volta.

Chi è andato oltre a questo è chi riuscì a fondere il Rock col Jazz; ossia il Rock col fare musica in modo più fluido ed estemporaneo insieme con il possedere qualità teoriche e strumentistico-operative, differenti, e non solo il "lasciarsi andare"... La nascita del Jazz-Rock fu per la musica una fase notevolissima di estensione e approfondimento, e tra i protagonisti assoluti di tale straordinaria epoca, ci furono i Soft Machine.

Indice dei brani

(Black) Velvet Mountain 130
10:30 Returns to the Bedroom 39
1983 92
37 1/2 87
5 From 13 88
A Certain Kind 27
A Concise British Alphabet - part I 35
A Concise British Alphabet - part II 35
A Door Opens and Closes 39
A Lot of What You Fancy 131
All White 76; 87
As If 80
As Long as He Lies Perfectly Still 37
Aubade 114
Ban-Ban Caliban 116
Behind the Crystal Curtain 129
Between 87
Block 100
Bone 81
Bone Fire 98
Box 25/4 Lid 28
Bundles 107

Carol Ann 97
Chloe and the Pirates 91
Clarence in Wonderland 144
D.I.S. 99
Dada Was Here 35
Day's Eye 98
Dedicated to You But You Weren't Listening 37
Down the Road 100
Drop 77
E.P.V. 88
Eos 122
Esther's Nose Job 38
Etka 117
Facelift 48
Fanfare 87
Feelin' Reelin' Squeelin' 16
Fire Engine Passing with Bells Clanging 38
Fletcher' Blemish 67
Four Gong Two Drums 109
Gesolreut 88
Gone Sailing 107
Have You Ever Bean Green? 36
Hazard Profile 106
Hibou, Anemone and Bear 35
Hope for Happiness 25
Hope for Happiness Reprise 25
Hot-Biscuit Slim 129
Huffin 123
Hulloder 35

I Should've Known 18
I'd Rather Be With You 19
Isle of the Blessed 129
Jet-Propelled Photograph 18
Joy of a Toy 25
Kayoo 117
Kings and Queens 66
L B O 80
Land of the Bag Snake 108
Lefty 88
Lotus Groves 129
Love Makes Sweet Music 16
Lullabye Letter 28
M C 78
Memories 18
Moon in June 52
Neo-Caliban Grides 145
Nettle Bed 97
Nexus 117
Number Three 123
Odds Bullets and Blades 122
One Over the Eight 117
Orange Skin Food 38
Out of Season 117
Out of Tunes 36
Out-Bloody-Rageous 55
Over 'n' Above 128
Palace of Glass 129
Panoramania 129

Pataphysical Introduction - part I	35
Pataphysical Introduction - part II	36
Peff	108
Penny Hitch	99
Pig	38
Pigling Band	80
Plus Belle qu'une Poubelle	28
Priscilla	28
Puffin	123
Riff	87
Riff II	89
Save Yourself	18; 28
Second Bundle	117
She's Gone	19
Slightly All the Time	50
Sly Monkey	130
Snodland	99
So Boot If At All	26
Song of Aelius	117
Song of the Sunbird	123
Stanley Stamp's Gibbon Album	90
Stumble	88
Surrounding Silence	124
Tarabos	98
Teeth	65
Thank You Pierrot Lunaire	35
That's How Much I Need You Now	18
The Floating World	109
The French Lesson	101

The German Lesson 101
The Man Who Waved At Trains 108
The Nodder 123
The Soft Weed Factor 89
The Tale of Taliesin 114
Virtually 68
We Did It Again 28
We Know What You Mean 144
When I Don't Want You 18
White Kite 122
Why Am I So Short? 26
Why Are We Sleeping? 28
You Don't Remember 19

Feedback

Hai qualche dubbio su quanto appena letto? Vorresti suggerire un disco da "leggere" per le prossime pubblicazioni? Se hai osservazioni/domande/critiche non esitare a contattarci sulla pagina Facebook "Dischi da leggere" o all'indirizzo email cpasceri@libero.it. Saremo felici di ascoltare i tuoi consigli, ci aiuteranno a migliorare!

Se ti è piaciuto questo libro, lasciaci una bella review a 4 o 5 stelle su amazon.it. Per una pubblicazione indipendente come questa, le recensioni dei lettori sono molto importanti. Grazie.

L'autore

Carlo Pasceri (Roma, 1964), musicista, ha all'attivo quattro album solisti, più svariate collaborazioni con artisti nazionali. Ha collaborato con diverse riviste di musica tra cui Ciao 2001, Fare Musica e AXE Magazine. Per quest'ultima ha curato per oltre otto anni la sua rubrica didattica, recensito dischi, testato strumenti musicali, scritto approfondimenti storico-musicali e trascritto musica. Ha pubblicato i libri Tecnologia Musicale, Musica '70, Supreme Kind of Brew, Piccolo Glossario Sinottico Musicale, Viaggio all'interno della Musica e Compendio della Musica Occidentale.

Altri libri dello stesso autore

Cosa è l'improvvisazione? La tecnica cos'è e a cosa serve? Qual è la differenza tra musica e rumore? Cosa è il tempo musicale e come si controlla e usa? Cosa è davvero una scala musicale e a cosa serve? Quali sono gli elementi e i parametri che determinano un genere e uno stile musicale? Sono solo alcune delle domande a cui questo libro risponde. È un viaggio alla scoperta del fenomeno Musica: permette, anche in modo scalabile di giungere a una prima, ma già profonda, conoscenza della materia. Ci si può fermare a una certa altezza e comprendere temi fondamentali già con i primi tre capitoli: quello filosofico, quello matematico-naturale e quello tecnico-teorico. Questi, unitamente al Glossario messo in epilogo, permettono già di dirigersi verso il pianeta Musica per poi eventualmente avvicinarsi andando a esplorare ancor di più e di rivelarlo. Buon viaggio.

Perché Kind of Blue, A Love Supreme e Bitches Brew? Perché questi non sono solo i tre dischi più celebri della storia del Jazz, sono molto di più. Sono più di un'eccellente sequenza ben composta e combinata di superbe, individuali, estemporanee interpretazioni. Sono opere più intricate di quanto si ricava anche da ascolti attenti. Questi tre dischi sono allo stesso tempo seminali e punti di arrivo; sono assoluto stato dell'arte della musica. Ed è solo una piccolissima parte delle infinite possibilità che il dio della musica ci ha donato.

Una serie di scritti che non vuole essere una semplice esaltazione degli anni d'oro del Rock. Si fa soprattutto il punto di un genere che ha raggiunto mezzo secolo di vita, attraverso un'analisi che compendia e stabilisce le giuste proporzioni, citando artisti e definendo generi, stili e opere. Si passa quindi attraverso l'esperienza del Progressive Rock (anche italiano) con le sue tantissime sfumature, il Jazz Rock di John McLaughlin e Al Di Meola e il Latin Rock di Santana (con una vera e propria monografia).

Questo breve compendio della storia musicale occidentale non ha pretesa di esaustività né di particolare minuziosità; tuttavia, proprio per la sua estrema concisione, mira a essere un agilissimo manualetto di consultazione per comprendere le fondamentali linee guida di sviluppo della "nostra" musica nel corso dei quasi due millenni trascorsi dai primi canti cristiani fino a oggi.

Printed in Poland
by Amazon Fulfillment
Poland Sp. z o.o., Wrocław